U0655121

Zhongguo Wenhua
Zhishi Duben

中国文化知识读本

龙门石窟

主编 金开诚

编著 陈长文

吉林出版集团有限责任公司

吉林文史出版社

图书在版编目（CIP）数据

龙门石窟/陈长文编著 .—长春：吉林出版集团
有限责任公司：吉林文史出版社，2009.12（2022.1重印）
（中国文化知识读本）
ISBN 978-7-5463-1991-9

Ⅰ.①龙… Ⅱ.①陈… Ⅲ.①龙门石窟－简介 Ⅳ.
①K879.23

中国版本图书馆 CIP 数据核字（2009）第 237250 号

龙门石窟

LONGMEN SHIKU

主编/ 金开诚 编著/陈长文

责任编辑/曹恒 于涉 责任校对/樊庆辉

装帧设计/曹恒 摄影/姜山 图片整理/王贝尔

出版发行/吉林文史出版社 吉林出版集团有限责任公司

地址/长春市人民大街4646号 邮编/130021

电话/0431-86037503 传真/0431-86037589

印刷/三河市金兆印刷装订有限公司

版次/2009 年 12 月第 1 版 2022 年 1 月第 7 次印刷

开本/ 650mm×960mm 1/16

印张/8 字数/30千

书号/ ISBN 978-7-5463-1991-9

定价/34.80元

关于《中国文化知识读本》

文化是一种社会现象，是人类物质文明和精神文明有机融合的产物；同时又是一种历史现象，是社会的历史沉积。当今世界，随着经济全球化进程的加快，人们也越来越重视本民族的文化。我们只有加强对本民族文化的继承和创新，才能更好地弘扬民族精神，增强民族凝聚力。历史经验告诉我们，任何一个民族要想屹立于世界民族之林，必须具有自尊、自信、自强的民族意识。文化是维系一个民族生存和发展的强大动力。一个民族的存在依赖文化，文化的解体就是一个民族的消亡。

随着我国综合国力的日益强大，广大民众对重塑民族自尊心和自豪感的愿望日益迫切。作为民族大家庭中的一员，将源远流长、博大精深的中国文化继承并传播给广大群众，特别是青年一代，是我们出版人义不容辞的责任。

《中国文化知识读本》是由吉林出版集团有限责任公司和吉林文史出版社组织国内知名专家学者编写的一套旨在传播中华五千年优秀传统文化，提高全民文化修养的大型知识读本。该书在深入挖掘和整理中华优秀传统文化成果的同时，结合社会发展，注入了时代精神。书中优美生动的文字、简明通俗的语言、图文并茂的形式，把中国文化中的物态文化、制度文化、行为文化、精神文化等知识要点全面展示给读者。点点滴滴的文化知识仿佛繁星，组成了灿烂辉煌的中国文化的天穹。

希望本书能为弘扬中华五千年优秀传统文化、增强各民族团结、构建社会主义和谐社会尽一份绵薄之力，也坚信我们的中华民族一定能够早日实现伟大复兴！

目录

一　龙门石窟概况

山崖上大大小小的石窟

　　龙门石窟与山西云冈石窟、敦煌莫高窟和天水麦积山石窟齐名，并称中国"四大石窟"。所谓"石窟"，就是在石壁山崖上开凿的洞窟或是天然形成的石洞，用以藏身或贮藏食物和东西。然而石窟寺却是在古印度佛教兴起后出现的，随着僧侣的传教活动传入我国的边疆和内地，同我国民族特点和传统的艺术风格融合交汇，形成我国特有的一种雕刻、彩绘工艺。石窟本身及窟外的建筑处理和石窟中的艺术品所表现的古代建筑、绘画、碑刻成为中国历史上各时代建筑、绘画、书法艺术等方面的反映。

龙门石窟位于洛阳城南 13 公里处，这是一个风景秀丽的地方，有东、西两座青山对峙，伊水缓缓北流。诗人们留下的"凿山导伊流，中断若天辟""峥嵘两山门，共挹一水秀"诗句，便是极好的写照。远远望去，龙门犹如一座天然门阙，所以古称"伊阙"。伊阙自古以来，就是游龙门的第一景观。唐代诗人白居易曾说过："洛阳四郊山水之胜，龙门首焉。"由于地处都城之南，古代帝王拟己为"真龙天子"，故又称"龙门"。龙门自古为险要关隘，是兵家必争之地。

　　历史上，洛阳曾是东汉、北魏和武周等朝代的都城。因山清水秀，环境清幽，气候宜人，万象生辉，素为文人墨客观游胜地。东汉时佛教开始传入中国，永平年间建成了号称中国佛教第一名刹的洛阳白马寺。北魏

洛阳古城一景

龙门石窟概况

中国佛教第一名刹——洛阳白马寺

皇帝普遍崇尚佛教，而武则天对佛教更是笃信有加。为了表示对佛祖的虔诚，他们在洛阳大兴土木，龙门石窟就是其中最有名的一处。如今，保存在伊阙两山的这些数以千计的像龛，绝大多数都是这两个时期所营造的。北魏时期的大型洞窟主要有古阳洞、宾阳中洞、莲花洞、火烧洞、魏字洞、石窟寺及普泰洞、路洞等等，唐代的主要洞窟有奉先寺、宾阳南洞、宾阳北洞、潜溪寺、敬善寺、万佛洞、双窑、惠简洞、擂鼓台三洞、高平郡王洞、看经寺、唐字洞、极南洞、净土堂和摩崖三佛龛等等。

香山寺是龙门石窟风景名胜区的重要组成部分

　　龙门石窟风景名胜区主要由龙门石窟、香山寺和白园等组成，这些景点或山清水秀，曲径通幽；或奇峰怪石，流泉飞瀑，令许多游人流连忘返。龙门石窟开凿于北魏孝文帝迁都洛阳之际（493年），迄今已有1500多年的历史。之后历经东魏、西魏、北齐、隋、唐、五代的营造，断续营造达500余年，密布于伊水东西两山的峭壁上，从而形成了南北长达1千米、具有2300余座窟龛、10万余尊造像、70余座佛塔、3600余块碑刻题记的石窟遗存，其中以宾阳中洞、奉先寺和古阳洞最具有代表性。龙门石窟最大的佛像高达17.14米，最小的仅有 2 厘米，体现了我国古代劳动人民极高的艺术造诣。

龙门石窟是北魏、唐代皇家贵族发愿造像最集中的地方，是皇家意志和行为的体现，具有浓厚的国家宗教色彩。其中古阳洞集中了北魏迁都洛阳初期的一批皇室贵族和宫廷大臣的造像，典型地反映出北魏王朝举国崇佛的历史情态。这些形制瑰异、琳琅满目的石刻艺术品，代表着石窟寺艺术流入洛阳以后最早出现的一种犍陀罗佛教美术风格，是中国传统文化与域外文明交汇融合的完美见证。

龙门石窟是北魏、唐代皇家贵族发愿造像最集中的地方，具有浓厚的宗教色彩

龙门石窟

龙门石窟大卢舍那像龛群雕

唐代龙门石窟以大卢舍那像龛群雕最为著名。这座依据《华严经》雕凿的摩崖式佛龛，以雍容大度、气宇非凡的卢舍那佛为中心，用一周极富情态质感的美术群体形象将佛国世界那种充满了祥和色彩的理想意境表达得淋漓尽致。这组雕像充分体现了大唐帝国强大的物质力量和精神力量，显示了唐代雕刻艺术的最高成就。

龙门石窟延续时间长，跨越朝代多，

龙门石窟是宝贵的世界物质文化遗产之一

所处地理位置优越，自然景色优美，是许多石窟难以比拟的。龙门石窟以大量的实物形象和文字资料从不同侧面反映了中国古代政治、经济、宗教、文化等许多领域的发展变化，为中国石窟艺术的创新与发展作出了重大贡献。1961年国务院公布龙门石窟（含白居易墓）为全国第一批重点文物保护单位。1982年龙门风景名胜区被公布为全国第一批国家级风景名胜区。2000年11月，联合国教科文组织将龙门石窟列入《世界遗产名录》。2006年1月被中央文明办、建设部、国家旅游局联合授予全国文明风景旅游区。2007年5月被国家旅游局评定为全国首批5A级景区。

龙门石窟洋溢着信仰情感的文化遗存，极具异域格调的外在形态和充满着人文意识的内在涵养，是古代社会广大人民对现实世界充满祈求意愿的物质折射。中华民族向往美好生活的精神追求和成效卓绝的创造能力，透过这一遗响千载的人文景观可以得到透彻的解说。由于石窟雕刻恢弘壮观、博大精深的艺术气象感染着祈求人生幸福的芸芸众生，以佛教造像为主体的龙门地区便吸引着众多善男信女慕名而来。

二　历史沿革

密如蜂房的龙门石窟

龙门东西两山为地质史上"古生代"石灰岩，石质坚硬，不易风化，宜于精雕细刻；又因近于魏、隋、唐帝都，为全国政治、经济、文化中心，经济发达，交通便利，山势天成，风景秀丽，气候温和，北魏、隋、唐时王朝又崇佛热衷建造石窟，佛教发展迅速，洛阳曾长期是佛事活动的中心，所以龙门造像应运而生，密如蜂房。

(一)北魏：第一个兴盛期

龙门石窟始建于北魏太和年间，此后在东魏与西魏、北齐与北周、隋、唐、五代、北宋、明都有修复和续作，其中以北魏和唐代的开凿活动规模最大，长达150年之久。

493年，北魏孝文帝下令从平城（今山西大同）迁都洛阳。笃信佛教的孝文帝迁都的同时，没有忘记把佛教的发展中心也转移到洛阳来，他组织修建寺院。在此前后还在洛阳以南的龙门伊水两岸，依山开窟造像，由此一个神奇大型石窟群——龙门石窟开始创建。

从魏孝文帝迁都洛阳到孝明帝时期的35年间，是龙门开窟雕造佛像的第一个兴盛时期。这一时期开凿的洞窟大都集中在龙门的西山上，约占龙门石窟造像的三分之一。其中最著名的有古阳洞、宾阳三洞、药方洞等十几个大中型洞窟，开凿最早的就是古阳洞，它开凿于493年，而在中国历史上，这一年是北魏太和十七年，正是北魏王朝孝文帝迁都洛阳的那年。古阳洞中大小列龛数以百计，不但展示佛教故事众多，龛上图案的装饰也十分精美华丽，严谨完整，丰富多彩。

北魏晚期还开凿过一些很有特点的洞窟，如莲花洞、火烧洞、皇甫公洞、魏字洞等，其中比较著名的就是药方洞。药方洞因其洞窟内刻有大量古代的药方

龙门石窟药方洞

而得名，洞中雕刻的一些药方，还能治疗现代人所说的疑难杂症，比如治疗消渴，也就是糖尿病。这些药方比唐代医学家孙思邈的《备急千金要方》还要早。

北魏王朝在洛阳龙门开窟造像活动的终结是以宾阳中洞的停工为标志的。

（二）唐朝：第二个兴盛期

随着北魏王朝的灭亡，龙门石窟的开凿趋于衰落，沉寂了将近一个世纪。直到唐王朝的建立，龙门石窟迎来了历史上开窟造像的第二次兴盛时期。唐代开凿的第一个洞窟是位于龙门西山北端的潜溪寺，最有代表性的洞窟有潜溪寺、万佛洞、奉先寺大像龛等。

万佛洞景观

龙门石窟

龙门石窟摩崖三佛

　　虽然石窟造像属于佛教艺术，但它跟政治紧密相连。唐代开窟造像在唐高宗和武则天时期达到了鼎盛，从龙门许多唐代石刻造像中，还可以窥见武则天一步步走上女皇宝座的踪迹。万佛洞完工于唐高宗永隆元年十一月，是专为唐高宗、武则天做"功德"而开凿的功德窟，也是以唐朝宫廷内道场供奉者智运等为首的一批御用僧尼，奉命集体为唐高宗及武则天发愿雕造的。武则天特别崇信弥勒，为此，她在龙门广造弥勒佛。千佛洞、惠简洞、大万五佛洞、极南洞和摩崖三佛都是以弥勒佛为主尊的洞窟。

　　奉先寺大卢舍那像龛是唐高宗及武则

天亲自经营的皇家开龛造像工程，工程设计和施工均由高宗亲自任命制定。为此，武则天曾经于咸亨三年捐出"脂粉钱二万贯"，而当地更是传说卢舍那大佛就是武则天的化身。卢舍那佛被赋予了女性的形象：面容丰腴饱满，细眉修长，眉若新月，眼睑下垂，双目俯视，嘴巴微翘而又含笑不露，她庄重而文雅、睿智而明朗。传说，唐高宗上元年除夕，时值奉先寺竣工之日，武则天亲自率领文武朝臣驾临龙门，参加主佛卢舍那的开光仪式。

龙门石窟在唐代的造像与北魏比较有了很大的变化。在唐代的造像题材中

龙门石窟佛像

龙门石窟

弥勒佛的造像数量仅次于阿弥陀佛，释迦却显著减少，菩萨中以文殊、观世音为最多。在艺术上，唐代的圆刀代替了北魏平直的刀法，佛像衣纹更加流动飘逸，力士夜叉浑身肌肉突起，既符合解剖的原理，又适当加以夸张，充满雄强的气势和向外迸发的力量。它们在借鉴外来雕刻技艺的同时，还吸取了中原地区传统的艺术手法。

龙门石窟开凿的第二个高潮结束于705年前后，这一年武则天退位，同年去世。而龙门石窟的辉煌历史，也伴随着弥勒神灵的消失，从绚烂的顶峰跌落了下来。

卢舍那佛庄重而文雅，睿智而明朗

远望龙门石窟

姿态各异的龙门石窟造像

龙门石窟

保存完好的龙门石窟造像

（三）盗凿破坏与修缮

　　龙门石窟自建造以来，人为的盗凿破坏情况十分严重。唐武宗时期的灭佛运动使石窟蒙难，清末和民国初年的游记史料记载了当时石窟造像被盗严重。此外，民国政府为从南京迁都洛阳，修建龙门西山下道路时也炸毁了大量的山麓佛龛。由于战乱管理空虚，1930 年到 1940 年龙门石窟造像受到了疯狂的盗凿，许多头像、碑刻、浮雕被日本、美国的文物商人收购。1949 年以后直到1980 年末龙门石窟受到人为破坏的状况已有改善，但大量石像已遭受了严重的蓄意破坏，为数众多的石像脸部被削平

不同时期的能工巧匠苦心营造，在龙门石窟创造出众多的不朽艺术作品

打碎，无法辨识或复原。随着旅游开发的开始，1980年后又出现少数人为的破坏。2000年，龙门石窟被列为世界文化遗产，之前附近的环境也得到当局的整治，拆除了附近的人造景观。

龙门石窟断断续续开凿了四百多年，不同时期的能工巧匠苦心营造，在龙门石窟创造出不朽的艺术作品，使其成为我国石刻艺术博物馆。龙门石窟自北魏开凿以来，已经历了一千五百多年的沧桑，它见证了中国历朝历代的演变，见证了中国佛教文化的发展，具有深厚的文化价值、历史价值和文物价值。

三　艺术特色

世界遗产委员会评价龙门地区的石窟和佛龛再现了中国北魏晚期至唐代（493—907年）的历史，是最具规模和最为优秀的造型艺术。这些翔实描述宗教题材的艺术作品，代表了中国石刻艺术的最高峰，从其艺术特色看，龙门石窟确实为世界最伟大的古典艺术宝库之一。

（一）中国石窟艺术的"里程碑"

龙门石窟规模宏大，气势磅礴，窟内造像雕刻工艺精湛，内容题材丰富。它以自身系统、独到的雕塑艺术语言，揭示了雕塑艺术创作的各种规律和法则。在它之前的石窟艺术均较多地保留了犍陀罗和秣菟罗艺术的成分，而龙门石窟则远承印度

龙门石窟是世界最伟大的古典艺术宝库之一

龙门石窟

龙门石窟再现了中国北魏晚期至唐代的历史，是最具规模和最为优秀的造型艺术

石窟艺术，近继云冈石窟风范，与魏晋洛阳和南朝先进深厚的汉族历史文化相融合开凿而成。所以龙门石窟的造像艺术一开始就融入了对本民族审美意识和形式的悟性与强烈追求，使石窟艺术呈现出了中国化、世俗化的趋势，堪称展现中国石窟艺术变革的"里程碑"。

(二)个性鲜明、结构完整

根据《保护世界文化和自然遗产公约》第一条中对于文化遗产的说明"从历史、艺术或科学角度看具有突出的普遍价值的建筑物、碑雕和碑画、具有考古性质成分或结构、铭文、窟洞以及联合体"，龙门石窟是一项伟大的雕塑杰作，无论在历史方面、宗教方面还是在雕刻艺术方面，都具有丰富的独创性和鲜明的典型性，符合文化遗产的定义。

龙门石窟不仅包括了北魏、唐代时期塑造的佛像群体，体现了其自身结构的完整性，而且还能与所在周边环境很好地融合，丝毫不显得呆板。1500多年来，龙门石窟虽个别窟龛局部有围岩崩塌、窟内壁面剥落、少数石刻艺术品被石灰岩凝浆覆盖、少量文物近代被盗、局部石刻品受风化剥蚀脱落外，大部分窟龛造像及装饰艺术等保存尚好，基本还保持着原来的规模和风格面貌，是中

龙门石窟一景

龙门石窟

国众多佛教石窟群中保存较完好的石窟之一。因此龙门石窟符合自然遗产的完整性要求。龙门石窟造像是我国珍贵的文化遗存，它不仅从一个侧面反映了南北朝、隋唐时期皇家对于佛教的信仰状况，有助于我国古代佛教史的研究，还体现出当时的手工劳动者精湛的雕刻工艺和无与伦比的审美观，是一笔丰厚的文化宝藏，无愧于世界文化遗产的称号。

（三）皇家风范、富丽堂皇

龙门石窟是北魏、唐代皇家贵族发愿造像最集中的地方。皇室贵族拥有雄厚的人力、物力条件，他们所主持开凿

龙门石窟体现了我国古代手工劳动者精湛的雕刻工艺和无与伦比的审美观

的石窟必然规模庞大、富丽堂皇，汇集当时石窟艺术的精华，因而龙门石窟是十分具有代表性的。这些洞窟的开凿是皇家意志和行为的体现，具有浓厚的国家宗教色彩。龙门石窟的兴衰，不仅反映了中国 5—10 世纪皇室崇佛信教的盛衰变化，同时从某些侧面也反映出中国历史上一些政治风云的动向和社会经济态势的发展，它的意义是其他石窟所无法比拟的。

此外，龙门石窟艺术表现出印度文化与中国文化相融合的特点，它是北魏王朝迁都洛阳实行汉化，与魏晋洛阳和

斑驳的石像记述了龙门石窟的漫长历史

龙门石窟

雕刻精致、神采奕奕的造像

南朝地区先进而深厚的汉文化相融合、碰撞开凿而成的。因此，从开创之始就具有世俗化、中国化的趋势，而有别于西部、北部、西南部的石窟艺术。

（四）雕刻风格多变、博采众长

北魏和唐代的造像反映出迥然不同的时代风格。北魏造像在这里失去了云冈石窟造像粗犷、威严、雄健的特征，而生活气息逐渐变浓，趋向活泼、清秀、温和。这些北魏造像，脸部瘦长，双肩瘦削，胸部平直，衣纹的雕刻使用平直刀法，坚劲质朴。北魏时期人们崇尚以瘦为美，所

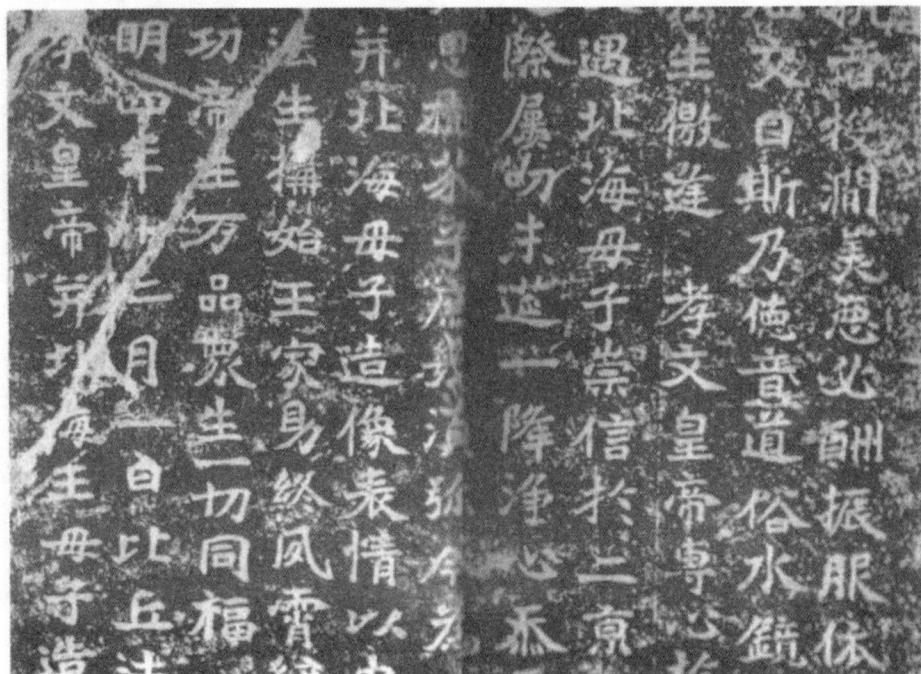

龙门二十品拓片（局部）

以，佛雕造像也追求秀骨清像式的艺术风格。而唐代人则以胖为美，所以唐代的佛像脸部浑圆，双肩宽厚，胸部隆起，衣纹的雕刻使用圆刀法，自然流畅。龙门石窟的唐代造像继承了北魏的优秀传统，又汲取了汉民族的文化，创造了雄健生动而又淳朴自然的写实作风，达到了佛雕艺术的顶峰。

（五）艺术精湛、史料丰富

龙门石窟也是书法艺术的宝藏。龙门石窟是我国古碑刻最多的一处，有古碑林之称，其中久负盛名的龙门二十品和褚遂良的伊阙佛龛之碑，分别是魏碑体和唐楷的典范，堪称中国书法艺术的上乘之作。

著名的书法精品龙门二十品，是后代碑拓鉴赏家从龙门石窟众多的石刻造像题记中精选出来的书法极品。这些碑刻不仅记录了发愿人造像的动机、目的，还为石窟考古分期断代提供了依据。龙门二十品代表了魏碑体，字形端正大方，气势刚健有力，是隶书向楷体过渡中的一种字体，有十九品在古阳洞内。清代学者康有为在《广艺舟双楫》中称魏碑有"结构天成、笔法跳跃、精神飞动、

龙门石窟碑刻

古典造型艺术的奇范一龙门石窟

血肉丰美"等十美，给龙门二十品以极高的评价，大力提倡学习书法应从龙门二十品入手。时值今日，魏碑体还作为标语、装潢用字被广泛使用。由此可见，二十品在书法艺术史上占有举足轻重的地位。

龙门石窟是佛教文化的艺术表现，但它也折射出当时的政治、经济以及文化时尚。龙门博物馆藏有造像36座、题记8块、雕像48件、器物32件、瓷

龙门石窟风景区雕刻精美的栏杆

器64件、青铜器32件、砖雕64块、石刻16件、书画碑刻160件，这些实物保留有大量的宗教、美术、书法、音乐、服饰、医药、建筑和中外交通等方面史料，是我国珍贵的文化遗产。龙门石窟艺术为研究我国古代历史，特别是雕刻、绘画、书法、建筑、服饰、乐舞、图案纹样以及时代社会风尚等方面，提供了大量的珍贵资料。

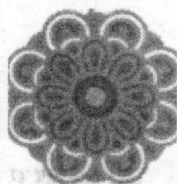

四　西山石窟

潜溪寺护法天王雕像

（一）西山石窟

1. 潜溪寺

潜溪寺是龙门西山北端第一个大窟，为唐高宗年间（650-683年）所造。它高、宽各九米多，进深近七米，窟顶藻井为一朵浅刻大莲花。

洞内造像布局为一佛、二弟子、二菩萨、二天王。主像阿弥陀佛居中坐于束腰方台座上，通高7.8米。该像身体各部比例匀称，面容丰圆，胸部隆起，表情静穆慈祥，神情睿智，整个姿态给人以静穆慈祥之感，是一个比较理性化的典型，极富初唐伟丽的作风。主佛两侧的观世音、大势至菩萨造型完好，身体比例适中，造型丰满敦厚，表情温雅文静，富于人情味，从面相及胸部和腰部的曲线和比例可以窥其为初唐的典型。阿弥陀佛和观世音、大势至菩萨合称为"西方三圣"（亦作"阿弥陀三尊"），即掌管西方极乐世界的三位圣人，是佛教净土宗尊奉的对象。本洞无论从规模还是从造像艺术、雕刻技法来看都颇具皇家风范，是龙门初唐时期雕刻艺术的典型代表。

隋唐时代是中国佛教发展的又一个繁盛期。佛教学风在"破斥南北、禅义均弘"形势下，南北佛教徒们不断地交流和互相影响，完成了对以前各种佛教学说的概括和总结，从而使佛教中国化的趋向更加明显，也使佛教造像艺术充满了清新与活力。因此，在造像艺术上发生了不同于北魏时代造像风格的变化，潜溪寺中的造像已揭开了盛唐那种丰腴、典雅的造像风格的序曲。

2. 宾阳中洞

宾阳三洞即中洞、北洞、南洞的俗称，因统一规划、有计划开凿且并排布局而得

宾阳三洞一景

龙门石窟

名。宾阳三洞开凿于北魏时期，是北魏的宣武帝为其父亲孝文帝做功德而建。它开工于北魏宣武帝景明元年（500年），到正光四年（523年）六月完工，历时24年，用工达80余万个，后因为发生宫廷政变以及主持人刘腾病故等原因，计划中的三所洞窟（宾阳中洞、南洞、北洞）仅完成了一所即宾阳中洞，南洞和北洞都是到初唐才完成了主要造像。宾阳三洞是由三个朝代雕刻成的，因此所雕的佛像在造型和表情上各有不同。

宾阳中洞是北魏时期的代表性作品。中

龙门石窟内造型各异、栩栩如生的造像

洞在北魏时称灵岩寺，明清以后才改称宾阳洞。"宾阳"意为迎接出生的太阳，传说是根据道教八仙之一吕洞宾之字（洞宾）和号（纯阳）的末两字相加而命名的。

宾阳中洞内深 12 米，宽 10.9 米，高 9.3 米，为马蹄形平面，穹隆顶，好像蒙古包的顶部。中央雕刻重瓣大莲花构成的莲花宝盖，莲花周围是八个伎乐天和两个供养天人。他们衣带飘扬，迎风翱翔在莲花宝盖周围，姿态优美动人。莲花周边还有莲花花瓣、水波纹和其他装饰图案，如同鲜艳美丽的地毯式样。这种形式使人很自然地联想起北方游牧民族的生活。

洞内为三世佛题材，即过去、现在、未来三世佛。北魏由于受《法华经》影响较大，除了信仰释迦、多宝外，还信仰三世佛。在龙门石窟仅此一例。主佛为释迦牟尼，他是佛教的创始人，原名叫乔达摩悉达多，原是古印度净饭王的儿子。他和孔子生活在同一时代，比孔子要年长 12 岁。他在 29 岁时出家修行，历经六年悟道成佛，创立了佛教。由于北魏时期崇尚以瘦为美，所以主佛释迦牟尼面颊清瘦，脖颈细长，体态修长，眉目疏朗，嘴角上翘，表情温和，神采飘逸。造像手法已和北魏鲜卑族拓跋部固有的粗犷敦厚之风有所不同，而是吸收了中原地区汉民族文化的成分和当时南朝所流行的"清瘦俊逸"的风尚，形成了迁都洛阳后佛教造像"秀骨清像"的艺术形式。衣襟纹理周密刻画，雕刻手法采用的是北魏的平直刀法，有明显西域艺术痕迹。由于北魏孝文帝迁都洛阳后实行了一系列的汉化政策，所以洞中主佛的服饰一改云冈石窟佛像那种偏袒右肩式袈裟，而身着宽袍大袖袈裟。衣裙下部雕作羊肠纹拖在基座前部，一层一层折叠着。这种雕造风格迅速在全国流行开来，成为北魏时期佛教艺术中国化、民族化的造

宾阳三洞众佛像

像特色。

释迦牟尼左右侍立迦叶、阿难二弟子、文殊、普贤二菩萨。迦叶形象老成持重，阿难形象活泼开朗，望之栩栩如生。佛像的衣饰都由北魏早期的袒露右肩和通肩式变为褒衣博带式，是孝文帝实行的汉化政策在石刻艺术上的反映。二菩萨含睇若笑，文雅敦厚，给人以亲切感。左右壁还各有造像一铺，都是一立佛、二菩萨，着褒衣博带袈裟，立于覆莲座上。佛、菩萨体态修长，表情温和，神采飘逸，是北魏晚期风行的"秀骨清像"的典型代表。这种造像手法与现实生活中的人物形象接近了许

宾阳三洞顶部的雕刻图案

龙门石窟

多，正是孝文帝改制在龙门石窟造像上的反映。地面刻莲花图案装饰，示意莲花宝池；窟顶中间浮雕一朵盛开的大莲花；周围有八身伎乐和两身供养天，加之流苏帷幔构成一莲花宝盖。

洞中前壁南北两侧，自上而下有四层精美的浮雕。第一层是以《维摩诘经》故事为题材的浮雕，叫做"维摩变"；第二层是两则佛本生故事；第三层为著名的帝后礼佛图；第四层为"十神王"浮雕像。值得一提的是位于第三层的帝后礼佛图，充分反映了宫廷的佛事活动，刻画出了佛教徒虔诚、严肃、宁静的心境，造型准确别致，制作精美，构

沉静平和、面容安详的石像

龙门石窟宾阳南洞一景

图美妙，代表了当时生活风俗画高度发展的水平，具有重要的艺术价值和历史价值。遗憾的是，在20世纪30年代被盗往国外，现在分别陈列在美国纽约大都会博物馆和美国堪萨斯州纳尔逊艺术博物馆。

3. 宾阳南洞

宾阳南洞自北魏开凿，经隋代至唐初（595—618年）完成。宾阳南洞体现的艺术风格，上承北魏时期的刚健雄伟，下启盛唐时期的生动活泼，洞内众多的造像题记为研究者提供了珍贵的文字资料。宾阳南洞的洞窟为北魏时期开凿，但洞中几尊主要的佛像都是在初唐完成的。洞中主佛为阿弥陀佛，面相饱满，双肩宽厚，体态丰腴，衣纹自然流畅，体现了唐朝以胖为美的风格。宾阳南洞是唐太宗李世民的第四子魏王李泰在北魏废弃的基础上又续凿而成，为其生母长孙皇后做功德而建，属于过渡时期的作品。

4. 宾阳北洞

宾阳北洞始凿于北魏时期，唐朝初年（641—650年）完成。洞中所供主像为阿弥陀佛，高近十米，火焰纹背，结跏趺坐，双手平分指天、地，形象而生动。称作"施无畏印"，即天地之间唯我独尊。就是佛祖释迦牟尼出生后站在莲花上，一手指天、一手指地所说的"天上天下，唯我独尊"。左右

龙门石窟一景

主要洞窟

龙门石窟大大小小的石窟洞

栩栩如生的龙门石窟造像

两侧南北浮雕二天王。其造型威武，刚强有力。洞口两侧"龙头"柱基与大同北魏司马金龙墓出土的柱基造型风格相同，属北魏晚期之作品。

5. 摩崖三佛龛

摩崖三佛龛地处西窟，凿造于武周时期（即690年左右），所造三佛代表过去、现在、将来，系典型的三世佛题材。这一窟因临山摩崖造像且题材为三佛，故称为

龙门石窟外潺潺的流水

摩崖三佛龛。

摩崖三佛龛共有七尊造像，其中三身坐佛，四身立佛。三坐佛以弥勒佛为主尊居中，左、右二结跏趺坐佛，这种造像组合在我国石窟寺中极为罕见。主佛弥勒坐于方台座上，头顶破坏，仅雕出轮廓，未经打磨。据佛经记载，弥勒佛是"未来佛"，是作为现在佛释迦牟尼的接班人而出现的。

该窟无题记，结合文献研究，该窟应为武则天利用弥勒信仰为其登基制造舆论，登基后又自称"慈氏"（即弥勒），宣扬武氏为"弥勒"下凡，以利于稳固政权，从而推动了弥勒信仰的风行。摩崖三佛龛的开凿正

龙门石窟万佛洞景观

是在这样的历史背景下出现的，因武氏晚年发生了张柬之策动的政变，随着武周政权的垮台，摩崖三佛龛也因此而中辍。虽然这组造像是半成品，却为我们了解石窟造像的开凿程序，即一块石头怎样变成一个顶礼膜拜的神佛，提供了宝贵的实物资料。

6. 万佛洞

万佛洞在宾阳洞南边，因洞内南北两侧雕有整齐排列的一万五千尊小佛而得名。洞窟呈前后室结构，前室造二力士、二狮子，后室造一佛二弟子二菩萨二天王，是龙门石窟造像组合最完整的洞窟。洞中刻像丰富，南北石壁上刻满了小佛像，很多佛像仅一寸或几厘米高。窟顶有一朵精美的莲花，环绕莲花周围的为一则碑刻题记："大唐永隆元年十一月三十日成，大监姚神表，内道场运禅师，一万五千尊像一龛。"洞口过道北侧上有"沙门智运，奉天皇太后太子诸王敬造一万五千尊像一龛"的题记。两个题记互为补充，永隆为高宗李治的年号。大监为宫中的女官。沙门智运和内道场运禅师，指比丘尼智运的号。因该洞为智运奉旨修造，所以又叫"智运洞"。天皇指唐高宗，天后指武则天，因洞内刻有一万五千尊佛像，又叫"万佛洞"。这说明了该洞窟是在宫中二品女官姚神表和内道场智运禅师的主持下开凿的，完工于唐高宗永隆元年（680 年）。

万佛洞高 5.7 米，宽 5.8 米，深 6.7 米。洞内主佛为阿弥陀佛，高约 4 米，有圆光和身光，端坐于双层八角莲花座上，一手贴身斜举胸前，一手抚膝，头饰波状发髻，面相丰满圆润，两肩宽厚，简洁流畅的衣纹运用了唐代浑圆刀的雕刻手法。主佛施"无畏印"，表示在天地之间无所畏惧，唯我独尊。主佛端坐在莲花宝座上，在束腰部位雕刻了四位金刚力士，筋肌突起、体大勇猛，那奋力向

龙门石窟万佛洞主佛

龙门石窟万佛洞一景

上的雄姿与主佛的沉稳形成了鲜明的对比，也更加衬托出主佛的安详。主佛背后还有54朵莲花，每朵莲花上都端坐有一位供养菩萨，她们或坐或侧，或手持莲花，或窃窃私语，神情各异，像是少女的群体像，构思新颖奇特。54代表着菩萨从开始修行到最后成佛的阶位，即十信、十住、十行、十回向、十地、四加行心。每枝花上坐着一菩萨或供养人，壁顶上浮雕伎乐人，个个婀娜多姿，形象逼真、姿态生动、富于变化、造型别致、独具匠心。

在南北两壁的壁基上各刻有六位伎乐人，分乐伎和舞伎。乐伎手执乐器有瑟、竽、钹、荃溪、笛子、西腰鼓等，这是唐代宫

万佛洞壁上雕刻的小佛像

龙门石窟

龙门石窟内粗犷古朴的佛像

廷的"坐部"乐队,它们或吹或弹或拨弄琴弦,形象生动传神,仿佛会奏出优美的旋律。舞伎在悠扬的乐曲声中体态轻盈,婀娜多姿,衣袂飘飘,翩翩起舞,将唐朝宫廷中的舞乐场面表现得活灵活现,真可谓工匠们的神工之处。整个洞窟金碧辉煌,向人们展现了西方极乐世界的理想国土,烘托出一种热烈欢快、万众成佛的气氛。

洞口南侧还有一尊观音菩萨像,匀称适度,表现了"万法皆空归南海,一尘不染静禅心"的佛家至高境界。菩萨通高85厘米,头部向右倾斜,手提净瓶举尘尾,体态圆润丰满,身体呈"S"形的曲线,整个姿态显

龙门石窟万佛洞内端庄、安详的佛像

得非常优美端庄，十分传神。我国著名戏剧大师梅兰芳早年参观龙门时，被她那优美的形象所吸引并大加赞赏，此后经过艺术加工成功地运用到他的表演中。

万佛洞的营造是统一规划雕凿的，其整体布局与人物形象的刻画，极富世俗性。宗教的主题与"皇帝即佛"的创作意图相结合，在极大程度上造成了天国主宰即是人间君主的至高无上的气概。满壁生辉的万佛及洞窟群像的雕刻相互映衬，使整座窟室洋溢着令人敬畏的氛围。万佛洞的布局和人物刻画都达到了神形兼备的艺术效果，它是古代匠师把丰富想象同现实生活紧密相结合的产物，将大唐帝国的繁荣昌盛与文化艺术的高超造诣展现得淋漓尽致。

7. 莲花洞

莲花洞因窟顶雕有一朵高浮雕的大莲花而得名，此洞开凿于北魏孝昌年间（526—528年前后），属于北魏后期作品。莲花是佛教象征的名物，意为"出污泥而不染"。因此，佛教石窟窟顶多以莲花作为装饰，但像莲花洞窟顶这样硕大精美的高浮雕大莲花，在龙门石窟并不多见。莲花周围的飞天体态轻盈，细腰长裙，姿态自如，婀娜多姿，生动传神，而天衣、云彩随着天女的舞动，如随着音乐的旋律在翻飞、飘扬，使整个藻

龙门石窟莲花洞景观

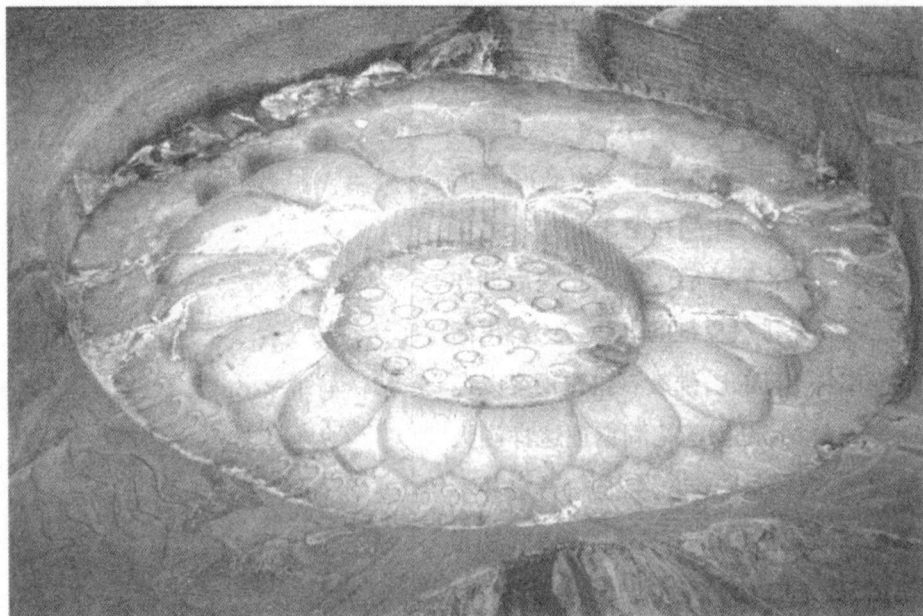
莲花洞顶雕刻的巨大莲花

井一改以前的宁静幽深而变得灵动起来。

此洞高 6.1 米，深 6.15 米，洞内正壁造一佛二弟子二菩萨，主像为释迦牟尼立像，高 6 米，着褒衣博带式袈裟，衣褶简洁明快。这是释迦牟尼的游说像，即释迦牟尼外出讲经说法时的形象。二弟子是浅浮雕，左侧弟子迦叶深目高鼻，胸部筋骨突兀，手持锡杖，身披厚重的袈裟，艰辛跋涉、风尘仆仆，似一西域苦行僧，可惜其头部早年被盗，现存法国吉美博物馆。菩萨像清秀华丽，仿佛显现着佛陀世界的庄严和繁荣。

莲花洞南北两壁上方各有似为《法华

度仅有 2 厘米左右，却生动细致、栩栩如生，他们是龙门石窟雕刻中最小的佛像。在坚硬的石壁上雕刻如此小的佛，而又如此精工细作，确实为龙门一绝。这些浮雕布局或层次分明，或错落有致，龛额构图精美，既有尖拱、楣拱、屋檐拱，又有璎珞、帷幕、流苏，还有云纹、卷草纹、几何纹以及莲花、宝相花等，精雕细刻，变化多端。

8. 奉先寺

"奉先"即奉供祖先之意。奉先寺是龙门石窟中雕刻最大、艺术最精湛、气势最磅礴、最具有代表性的一组摩崖型群雕。据碑文记载，此窟开凿于武则天被立为皇后的永徽六年（655年）之后，完工于上元二年（675年）乙亥十二月三十日，费时约21年左右。南北宽34米，深38米，大像龛环北、西、南三壁雕一佛、二弟子、二菩萨、二天王、二力士共九身大像。洞中佛像明显体现了唐代佛像艺术特点，面形丰腴、两耳下垂，形态圆满、安详、温存、亲切，极为动人。

石窟正中卢舍那佛坐像为龙门石窟最大的佛像，传说卢舍那大佛的脸是根据武则天的面容建造的。它身高17.14米，头高4米，耳朵长1.9米，造型丰满、仪表堂皇、衣纹流畅、圆融和谐、安详自在，具有高度的艺术感染力，实在是一件精美绝伦的艺术杰作。

据佛经说，佛有三身：法身是佛的本来之身；报身为佛经过长期修行而获得的"佛果"之身；应身即佛为"超度众生"而显现之身。卢舍那即所谓报身佛，译名"净惭"。卢舍那为"净满，光明普照"之意，是佛在显示美德时的一种理想化身。这尊佛像，面相饱满，眉如新月、双目含情，笑意微露、慈祥外溢，双耳长且略向下垂，下颏圆而略向前突，头部稍低，略作俯视态，身着通肩式袈裟，衣纹简朴无华，一圈圈

卢舍那佛像面相饱满，眉如新月

龙门石窟

054

龙门石窟内形神毕肖的造像

龙门石窟的精彩造像吸引了无数国内外游客的目光

同心圆式的衣纹，把头像烘托得异常鲜明而圣洁。整座佛像慈祥而端庄，睿智而明朗，形象生动而逼真，宛若一位睿智而慈祥的中年妇女，令人敬而不惧，达到了形神兼备的艺术效果。有人评论说，在塑造这尊佛像时，把高尚的情操、丰富的感情、开阔的胸怀和典雅的外貌完美地结合在一起，具有巨大的艺术魅力。

卢舍那佛像两边还有迦叶和阿难二弟子，形态温顺虔诚，两侧侍立的二弟子，老者伽叶形象严谨持重，少者阿难形象丰满圆润、眉清目秀。各侍立菩萨头戴宝冠、身挂璎珞、肩搭帔帛、下衣长裙有出水之势。天王手托宝塔，显得魁梧刚劲。而力士像更加动人，只见他右手叉腰，左手合十，威武雄壮，栩栩如生。饱经沧桑、老成持重的大弟子迦叶，温顺聪慧的小弟子阿难，表情矜持、雍荣华贵的菩萨，英武雄健的天王，咄咄逼人的力士与主佛卢舍那一起构成了一组极富情态质感的美术群体形象，真可谓出神入化、巧夺天工。奉先寺的整个布局，使人感觉像是皇帝在宣召文武百官的场面。

此外，奉先寺的九躯大像的背后有很

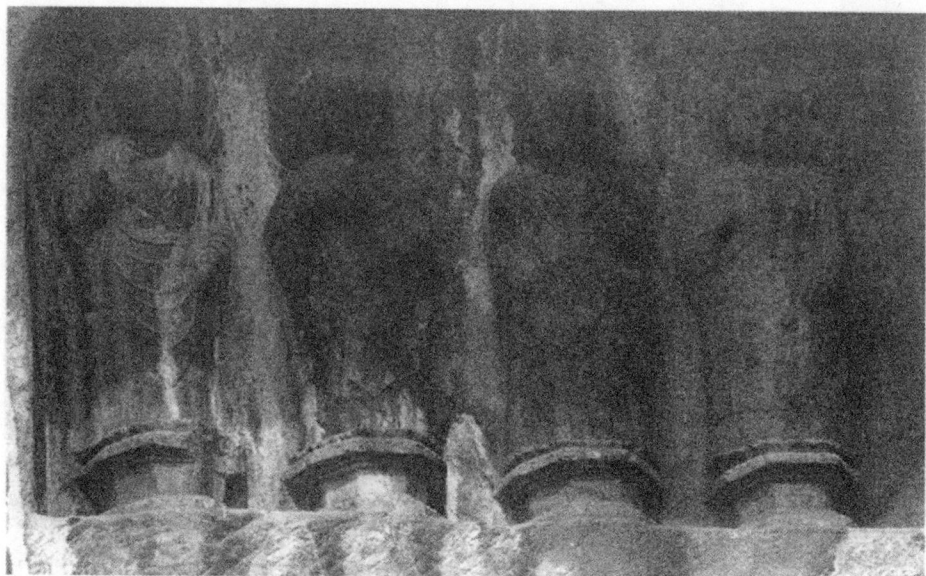

多长方形的小龛，这是大约在宋、金时代，人们为了保护大像龛，依龛修建的木结构屋檐式建筑。这些建筑影响了佛像的通风，加速了佛像的风化，因而后来被拆除。

据佛座北侧的《大卢舍那像龛记》记载："大唐高宗天皇大帝之所建也……咸亨三年皇后武氏助脂粉钱二万贯。"一般说来，在佛学的教义里，佛、菩萨均为男性，而在龙门奉先寺的主佛却女性化，这是武则天出于政治的需要而别出心裁，破天荒将卢舍那大佛塑造成中年妇女特有的形象。传说武则天集美德与卢舍纳大佛的形象几乎完全吻合，可见卢舍那的形象在一定程度上就是武则天形象的真实写照。

龙门石窟古阳洞景观

大像龛是唐高宗及武则天亲自参与主持经营的皇家造像工程，雕像规模宏大、气势磅礴、雕刻精湛，体现了大唐王朝强大的物质力量和精神力量，显示了一个时代雕刻艺术的最高成就，也是唐朝这一伟大时代的象征。从艺术上看，奉先寺造像布局谐调均称。大佛像五官刻画合乎比例，这一巧夺天工的辉煌成就，具有永不磨灭的艺术魅力。奉先寺大型艺术群雕以其宏大的规模、精湛的雕刻高踞于我国石刻艺术的巅峰，成为我国石刻艺术的典范之作，也成为唐朝这一伟大时代的象征。

9. 古阳洞

古阳洞在龙门山的南段，开凿于北魏

太和十六年（492 年），洞内雕刻 90% 以上是北魏时期的作品，是龙门石窟造像群中开凿最早、佛教内容最丰富、书法艺术最高的一个洞窟。它规模宏伟、气势壮观，由此可以看出北魏皇室崇佛的气氛。洞中北壁刻有楷体"古阳洞"三个字，到了清末光绪年间，道教徒将主像释迦牟尼涂改成太上老君的形象，有传老子曾在这里练丹，所以古阳洞又叫"老君洞"。

古阳洞是由一个天然的石灰岩溶洞开凿成的。窟顶无莲花藻井，地面呈马蹄形。主像释迦牟尼，着双领下垂式袈裟，面容清瘦，眼含笑意，安详地端坐在方台上。侍立在主

龙门石窟古阳洞题名

佛左侧的是手提宝瓶的观音菩萨，右边的是拿摩尼宝珠的大势至菩萨，他们表情文静，仪态从容。

古阳洞大小佛龛多达数百，雕造装饰十分华丽，特别是表现在龛的外形、龛楣和龛额的设计上，丰富多彩，精细华丽，变化多端，有的是莲瓣似的尖拱、有的是屋形的建筑、有的是帷幔和流苏。并且在龛楣上雕造有佛传故事，如古阳洞南壁释迦多宝龛上，有树下诞生、步步生莲、九龙灌顶等，讲述的是悉达多从他母亲摩耶的右腋下诞生，刚出生，就走了七步，每一步脚印都生出一朵莲花，这叫"步步生

古阳洞内造型各异、姿态万千的佛像

莲"，他站在方台上，天空中有九条龙为他喷水沐浴。总之，这些佛龛装饰十分细致灵巧，图案花纹丰富多彩，在龙门石窟中堪称集北魏雕刻、绘画、书法、建筑、图案造型艺术之大成，表现了当时的雕刻和绘画技巧的高超水平。

古阳洞是北魏皇室贵族发愿造像最集中的地方。这些达官贵人不惜花费巨资，开凿窟龛，以求广植功德，祈福免灾，而且留下了代表了魏碑体的书法珍品——龙门二十品。古阳洞中就占有十九品，另一品在慈香窑中。龙门二十品的称号始自清代，是指从北魏时期精选出不同的二十块造像题记，它所展现的书法艺术，是在汉代隶书和晋代隶书的基础上发展演化而来的。它们记载着佛龛的雕凿时间、人物、目的等，这些都是研究北魏书法和雕刻艺术的珍贵资料。二十品的特点是字形端正大方、气势刚健质朴，结体、用笔在汉隶和唐楷之间，是隶书向楷书过渡中一种比较成熟的独特字体。龙门二十品是龙门石窟碑刻书法艺术的精华，千百年来为书法家所称道。清代学者康有为曾大力提倡整个社会书写要用魏碑体。现在，龙门二十品仍有无穷的艺术魅力，每年吸引无数

龙门石窟古阳洞内的碑刻书法

龙门石窟火烧洞景观
龙门石窟造像

的海外友人，漂洋过海，为的是能够欣赏这一书法奇珍。

古阳洞的造像，以其风格、特征而论，代表了迁都洛阳后北魏后期的一些变化。由北魏前期粗犷、雄健、挺实变为清秀、美丽，开始摆脱前期的作风，面部表情刻画也由严峻变得比较温和，给人以亲切之感。

10. 火烧洞

火烧洞是古阳洞南部规模最大的一所洞窟，相传被雷火所击。经考察，洞内造像可能系人为破坏。窟内平面呈略长的马蹄形，东西长约 12.5 米，南北长约 10 米。窟顶近于穹隆形，窟内西壁雕有主尊，为一身结跏趺坐佛，施禅定印。主尊两侧有

龙门石窟风景区一角

二弟子、二菩萨夹侍。火烧洞也是龙门石窟中破坏最严重的一窟，现西壁的五身大像表面大部分残损，原形制已基本不清。就连窟顶与四壁也很少有平整的地方。窟门已残损，但仍保留有垂帐装饰的残留痕迹，这种装饰不同于其他魏窟。窟门外左右雕有类似于宾阳北洞外的力士像，其中北侧力士已残缺，南侧力士身体部分保存完好，头顶雕出屋檐装饰。

在窟内西壁大像之间的下部以及东、北壁下部的部分区域，保存有一些北魏末年开凿的小龛，尤其以正光纪年的为最多。到了唐代，对火烧洞进行了大规模的补凿。在北壁下部，开有三大龛，龛内造像均为一佛、二弟子、二菩萨，其中西部两龛主尊为倚坐弥勒，下有二护法狮子。在西侧一龛外，保留有一身北魏末年雕成的力士，三大龛内平面均呈马蹄形，穹隆顶，有倒凹字形基坛。在南壁中部最下方，保存有四层供养人行列，从形象来看，有出家僧人，也有世俗人装束。此外，在南壁东侧下部，有一优填王像龛，龛内周壁雕出千佛。龛下，分布有唐代小龛。南壁上部，也有两个唐代大龛，内部也雕有千佛。这些龛可能开凿于唐高宗时期。

11. 皇甫公窟

皇甫公窟原名石窟寺，位于龙门西山靠近南端之半山腰中，是火烧洞以南，北魏开凿的相当大的一个洞窟，由皇甫度所开凿。窟外南侧摩崖有北魏孝昌三年 (527年) 九月十九日刻的《太尉公皇甫公石窟碑》一通。太尉公皇甫公，即北魏胡太后

龙门石窟皇甫公窟一景

龙门石窟一景

的舅父皇甫度。皇甫公窟是有纪年一次完工的中型洞窟，是龙门北魏洞窟中保存最完整的典型窟例，在中国北朝洞窟的分期断代中具有重要的地位。

洞外立面依岩雕刻一仿木结构的庑殿式屋顶，窟楣尖拱内刻"七佛"。尖拱两侧各刻持乐器飞天一身，窟外南侧还凿有一通碑。这种洞窟形制与普泰洞、魏字洞基本一致，代表了龙门北魏晚期洞窟的主要样式。在完整的方形地平面上，周边浮雕一圈莲花瓣。地面中部，自门券向主尊身下刻出一条踏道，踏道边装饰以连珠纹及莲瓣；踏道的南北两侧各有三朵莲花图案，均大如车轮；在每侧三朵大莲花之间又刻出忍冬纹与水波纹，象征着莲池。从图案的拼凑情况看，宛如一块美丽的地毯。宾阳中洞的地面雕刻与此相近，不同者唯在踏道表面刻有龟背文。佛座上及佛龛地上刻出莲华的原因，是因为佛教中人以莲花为"吉祥清净"，能悦大众心。西（后）壁一铺大像中最外面，有树下思维菩萨像，在思维像的左侧，浮雕出一花瓶，瓶中引出美丽而写实的数枝莲花，正中最上面的花蕊中，刻出一化生童子。上下对称雕出两对花叶，以及三朵初开、正开、开后，不同形象的莲花，这完全是以写实手法雕出的莲花浮雕。

窟内平面呈马蹄形，穹隆顶。在西壁高坛云上，雕出一佛、二弟子、二立菩萨、

龙门石窟皇甫公窟内斑驳的石刻佛像

龙门石窟

二思维菩萨。主佛居中结跏趺坐，高3.18米，身穿褒衣博带式的袈裟。衣饰用平直九刀刻法，衣裙有棱有角，坐在莲花座上。面部已经残损了，头上还留有高肉髻，右足外露，足掌向上；右臂平举，手掌上扬；左手掌心向外，手指向下，作满足人们愿望的与愿印。有趣的是，这尊大佛竟有6根手指，据说是按照孝明皇帝的形象塑造的。由此可以看出皇甫度以佛事向皇帝献忠心的良苦用心。二思维菩萨内侧壁面上各刻一菩提树，菩提树上方各刻有罗汉群像。坛下两端各雕一狮子。左右二菩萨半结跏趺坐在菩提树下，作树下思维状。菩提树树干弯曲，枝繁叶茂。树的

龙门石窟内栩栩如生的佛像

龙门石窟遒劲多姿的碑刻书法

上方又分别刻有一组罗汉像，罗汉身穿双领下垂式袈裟，双手合十或手持莲花。

北壁中部开一尖拱大龛，龛内释迦、多宝二佛并坐，内侧各一弟子、外侧各一菩萨侍立。龛外两侧各刻供养菩萨一身，龛下刻供养礼佛图。南壁中部开一磕顶大龛，龛内为弥勒坐像并二弟子、二菩萨侍立像。龛外两侧各刻一身供养菩萨，龛下为供养礼佛图。前壁窟门左右各刻一龛，龛内刻一立佛并二胁侍菩萨。窟门上方刻千佛。窟顶穹隆形，中央雕一朵大莲花，周围环绕八身伎乐天。伎乐所持乐器有笙、筝、排箫、细腰鼓、鼓、笛、五弦琵琶等。八个伎乐衣带飘扬，手持乐器，翱翔云间，由此可见在北魏时期，这些乐器就已经非常盛行了。窟内地面中央为参道，左右各刻三朵大莲花。

石窟寺南北壁下层，刻有从窟主到男女侍从执伞扇与比丘导引的刻像，因而这两幅大浮雕带有浓重的绘画意味，成为表现北魏统治阶级生活的最有价值的资料。北壁皇帝礼佛图东起前三人为比丘，前两个比丘正俯身向香炉内添香，第三位是年长的高僧，左手托钵作前导。第四人为一老妇，头饰华丽，身穿长裙，大袖，左手持一莲蕾，徐步向前。第八人为一青年男子，头戴笼冠，身穿宽袍大袖的长袍，右手托钵，有趣的是其身后还有一男童为他提衣摆。这一男一女无疑是孝明皇帝和胡太后。这一作品用写实的手法把人物的年龄、性格、身份、气质都刻画得淋漓尽致，其余的宫女有的手举华盖，有的手拿莲蕾，虔诚严肃，徐徐而行。南壁则为皇甫公夫妇礼佛图。

石窟内端坐的佛像

12. 药方洞

药方洞因窟门刻有诸多唐代药方而得名。把一些药方刻在石碑上或洞窟中，在别的地方也有发现，这是古代医学成就传

龙门石窟内雕刻粗犷古朴的佛像

龙门石窟药方洞景观

之后世的一个重要方法。药方洞始凿于北魏晚期，经东魏、北齐，到唐初还仍有雕刻。洞中五尊佛像，身躯硬直少曲线，脖子短粗，身体硕壮，菩萨头冠两旁的带子很长，下垂到胳膊上部。这都是北齐造像的特征。洞门两侧刻有药方150多种，所用药物多是植物、动物和矿物药。药方涉及内科、外科、小儿科、五官科等，所涉及药材在民间都能找到，很大程度上方便了老百姓。

龙门石窟一景

这些药方不仅可以治疗常见的疾病，而且还能治疗疑难杂症，如疗噎方可以治疗食道癌。其中有95方在10世纪被一位日本学者收录在《医心方》中，足见它的价值和影响。药方洞的药方是我国现存最早的石刻药方，反映了我国古代医学的成就，对研究中国医药学起到了重要的作用。

(二)东山石窟

1.擂鼓台中洞

传说当年奉先寺竣工时，武则天亲自率百官驾临龙门，主持这次规模盛大的开光仪式，庞大的乐队便在这平台上擂鼓助兴，于是后人便把这里叫做擂鼓台。与擂鼓台相临的三个洞叫擂鼓台三洞。

擂鼓台中洞又名大万五佛洞，因洞中造有15000尊小佛像，且又比西山万佛洞小佛稍大而得名。洞窟雕凿完成于武周时期，是为武氏政权歌功颂德的。西山的双窟是弥勒与释迦牟尼并坐，当时武则天还没有成为一朝之君，表明她与李治一个天皇一个天后并列的身份。而在这一洞窟中，以弥勒佛为主尊，表明她已破天荒地成了一位女皇。

洞顶作穹隆形，并有装饰华丽的莲花藻井，造像是一佛二菩萨，主尊为双膝下垂而坐的弥勒，整尊造像采取高佛雕手法，背光为龟甲形背屏，周围环绕着伎乐人、飞天、骑象和骑狮的童子。主尊端坐在束腰方形高台坐上，台坐下部延伸出两朵莲花，每朵莲花上站立着一尊菩萨，整个造像浑然一体。主尊佛头20世纪30年代被盗，现藏于美国旧金山亚洲艺术博物馆。佛洞壁基有二十五尊高浮雕罗汉群像，从南壁西起到北壁西止。罗汉群像各罗汉身旁均刻有一段从《付法藏因缘传》里摘录的经

东山石窟唐密千手千眼观音像

龙门石窟

龙门石窟被毁坏的佛像

文介绍该罗汉的身世及特点，所刊经文中多杂以武周新字，说明这是武周时期禅宗所经营的洞窟。

2. 擂鼓台北洞

擂鼓台北洞是龙门石窟中开凿较早、规模最大的密宗造像石窟。

北洞为穹隆顶，马蹄形平面，高4米，宽4.9米，窟顶为莲花藻井，周围环绕四身飞天。其因风化剥蚀已不清。据说，北洞的主像、中洞的三尊佛像以及南洞的一尊佛像，都是民国时期从别处搬移进去的。洞内三尊大坐佛中，东壁的主佛为毗卢遮那佛，意为太阳，即除暗布明之意，因此又称"大日如来"。在密宗里"大日如来"指的就是释

龙门石窟佛像

迦牟尼，他是头带宝冠，胳膊上带着臂钏的菩萨装形象，像高 2.45 米，结跏趺坐于 0.9 米高的须弥台坐之上。

在北洞的前壁南侧，雕有八臂观音一尊，像高 1.83 米，赤足坐于圆形台坐上，在前壁的北侧还雕有四臂十一面观音，像高 1.9 米，赤脚立在圆形台座上。

3. 擂鼓台南洞

擂鼓台南洞主佛也是"大日如来"，主佛头戴佛冠，臂戴臂钏，颈戴项圈，穿袒右肩式袈裟，整个造像保留了外来造像艺术风格。佛端坐在束腰方形台座上，这种台座在武周时期是比较流行的式样。从正面看，佛头部微微向下倾斜，目光向下俯视，似与礼拜者进行眼神交流，流露出一种关爱世人的殷殷之情。在四壁上有高约36厘米的菩萨坐像，层层排列着有760尊之多，端坐在四周的墙壁上，神态肃穆安详，似乎正在聆听佛弘扬佛法。菩萨在古印度都是男性的形象，传入中国后，逐渐塑成了女性的形象。创造者对人物的形态美把握得相当适度，简洁明快的线条和人体造型的健康都表现了当时的雕凿者的审美取向及美学理想。

4. 西方净土变龛

西方净土变龛在万佛沟北崖偏东处，位于千手观音窟与千手千眼观音龛之间。

龙门石窟西方净土变龛

龙门石窟静穆庄重的佛像

该龛可分为上、下两段。上段，中部刻一身结跏趺坐佛，施转法轮印，身着通肩大衣，身后刻有圆形头光与背光，坐于一圆形束腰仰状莲座之上。主尊两侧各有一身夹侍菩萨，均呈半跏趺坐，身饰披巾、璎珞，头后刻出圆形头光。在一佛二菩萨之间及其两侧，分别夹有上下两身。坐菩萨，姿态各异。主尊佛的背光表面刻有缠枝卷云莲，莲上托着卷云纹，纹上刻出空中楼阁，楼阁两侧刻有许多乐器。在东侧楼阁之下，刻有三身佛坐像，身下有流云纹，呈驾云飞动之势。东端还刻出宝幢、幡与仙鹤等。

下段，分为三层。上层，现存有三身游戏坐菩萨，一身立菩萨与一身似为比丘的形象。其间，有两身被盗凿，一身残毁，估计原应共有八身像。中层，仅在中部有一些小的游戏菩萨，现存有七身。下层，中部被盗凿，现存有一身舞者，五身伎乐。伎乐所持乐器能辨识者有阮咸、萧、钹、笛等。两侧原各有四身站立的供养菩萨，现西侧有两身被盗。龛的东侧壁雕有一身力士，西侧壁已残毁。

5. 千手千眼菩萨龛

千手千眼菩萨龛位于西方净土变龛东

侧不远，为一露天摩崖造像龛，龛高237厘米、宽177厘米，龛内中央高浮雕一身观音立像，身体呈直立姿势，头顶束有高发髻，发髻中部有化佛装饰；面部较扁，宽额，鼻嘴均残，两腮及下颊处较尖；长眉弯曲，眉脊略突起，眼似鱼形，眼角细长，在眉间刻出一眼，呈倒竖状；上身袒裸，下身着裙，长发披于肩部，身体装饰有披巾、璎珞。

龙门石窟造型独特的佛像

观音有三眼十二臂。额上刻一眼，宝冠上有化佛，十二臂作不同的曲伸动作，手势也多有变化，或持物，或五指相弹，手势变化，异常精美。掌心也均刻一眼，手臂雕刻得圆润丰满，有较强的写实感，均饰有腕钏。三眼十二臂观音周围，伸出无数只小手臂，手掌展开，掌心刻一眼。群臂呈放射状，宛若孔雀开屏般美观精致，故称千手千眼观音。该龛今已风化剥蚀过甚。

万佛沟中的千手千眼观音像，依据《秘藏记》的记载所雕刻。而与伽梵达摩的以及智通、菩提流支共译的《千手经》的描述有很多相似之处，既有智通、菩提流合译的《千手经》中所说的"面具三眼，体具手臂，掌中各有一眼"的形象，又兼有伽梵达摩《千手经》中的"左右各具二十手，手中各有一眼"

龙门石窟一景

的特点。不同的地方，唯有伽梵之经中认为千手千眼观音像为面具两眼，而非三眼，并将左右各具二十手改为了左右各具六手共为十二手。据此推测，这尊千手千眼观音像，是综合了两种《千手经》的特点而造出的，其中可能更多地依据了智通、菩提流支合译的《千手经》。

6. 高平郡王洞

高平郡王洞是万佛沟中规模最大的一所洞窟，位于沟中部靠上的山崖之上。窟内平面呈横长方形，顶部似乎打算凿为"J"形顶，但没有完工。在北壁（正壁）正中靠上，雕出主尊佛，结跏趺坐，露出右脚，双手放于胸前，施说法印。头部已残，肩

远望龙门石窟

较圆，胸部鼓起，身着通肩袈裟，下坐于一双层瓣的仰莲花之上，在莲根表面刻有卷云纹。由主尊莲座根部向东西两侧分别伸出一条长梗，并且各向上托两朵仰莲，其上雕出夹侍的二弟子与二菩萨。左侧弟子为迦叶，双手托一瓶于胸，右侧弟子为阿难，头已残，身躯扭动，双手叠放于腹前。二夹侍菩萨头部均残，肩较宽，身饰项圈、璎珞、腕钏，披巾绕腹下两道；其中右侧菩萨左手上托一宝瓶，左侧菩萨右手向上似执一宝珠。

环北、西壁以及南壁西侧下部，凿有基坛，坛上雕一周坐佛，服饰有通肩大衣、袒右肩与双领下垂三种，均呈结跏趺坐，露出右脚。在肉髻与发髻表面刻有水涡纹，面相

龙门石窟看经寺一景

胖圆。身下佛座均为双层瓣的仰莲状。在窟内开凿的次序是先完成北壁（正壁），次之为西壁，再转入南壁西侧，然后才考虑东壁与南壁东侧。现窟内地面保存有一些横竖排列较为整齐的圆孔，为原先安置石刻造像之用。

窟门呈圆拱形，门券顶部向窟内上部倾斜，这种做法与二莲花洞的门券做法相似。窟外有面积较大的空间，构成前庭。门外两侧各雕一身力士，其形体对于高大的窟门显得较小，在力士足下均踏有山形高台。现窟内地面，除数排圆孔之外，还有许多残损的造像与莲花座。根据题记该窟的开凿年代为武周时期，也正是由于这些题记，将此窟命名为高平郡王洞。

7. 看经寺

看经寺在龙门东山万佛沟北侧，高8.4米，宽11.1米，深12.6米，为东山最大的洞窟，是武则天为唐高宗开凿的。洞的正面有一座建于清代的砖瓦结构二层楼，门额上刻着"看经寺"三字。洞顶雕有莲花藻井，周围环绕着四个体态丰润、形象优美的飞天。洞内东、南、北三壁在高1.2米的台基上浮雕二十九尊罗汉像，正壁11身，两壁各9身，身高在1.8米左右，均有残毁，相传是从摩诃迦叶到菩提达摩二十九位西土"祖师"的形象。整组造像形态逼真，形象写实，辅以适当的夸张，使造像在整体上显得整齐划一而不失个性的张扬，秩序井然而不失节奏的抑扬顿挫，仿佛融入禅宗传法谱系的情景之中，是龙门石雕罗汉群像中的杰作。

看经寺是据隋代费长房《历代法宝记》刊刻的，为我国唐代最精美的罗汉群像。这种不雕佛像仅雕罗汉的大窟，似是一大型禅堂，可能是禅宗所主持开凿的。

龙门石窟风景区一角

主要洞窟

8. 四雁洞

四雁洞是一个盛唐时期的中型洞窟。该洞窟的窟顶是一个莲花藻井，莲花藻井的四周有四个飞天的四飞雁环绕，奇特的是这四只雁的腿都十分细长，和鹤腿相似，四雁洞之名即来源于此。佛经中曾以五百雁来比喻五百罗汉的故事。这里雕刻四雁可能是用寓意的手法，以雁来比喻罗汉。这在龙门石窟中也仅此一处。

四雁洞南距二莲花北洞约三十米，其南侧有一平面近方形的券顶窟，窟门为圆拱形，门顶部与窟顶相连接。东壁下凿一长方形坛，现窟内没有造像，估计原造像是可以搬动的石雕像。窟门外北壁，有一小禅窟，为方形、券顶。四雁洞的平面呈马蹄形，四壁向上卷入顶部，窟顶向西下斜至窟门口上方，门为圆拱形。

窟内下部靠东壁凿有一半圆形的基坛，在基坛的西部边沿下有三层叠褶，向上又有两级，估计原坛上可能有造像。窟顶正中雕出一朵大莲花。莲花外围分为两圈，内圈雕出四只飞禽形象，为尖嘴，长颈长腿，南侧两只向东飞舞，北侧两只相对飞动。从其特征来看，应为鹤，前人误将其认做

龙门石窟一景

飞雁，故将该洞称作"四雁洞"。在窟顶刻出飞鹤，与供养天人相伴，代表了一种天空境界，以四鹤飞翔来表示一种吉祥之感，并非有什么特别的，诸如佛传、本生之类的寓意。在敦煌莫高窟壁画中，也常以飞禽表示天空境界，其用意也可能与此相同。

飞鹤外圈，雕出四身供养天人，身上没有复杂的飘带装饰，均为右手托一盘，内放莲瓣状物，推测应为以莲花供养。东南角一身左手还执一朵小莲花。上身袒裸，下身着裙，饰有项圈，头顶没有束高发髻。在窟门外的南北两侧，现存有二力士下部的高台，力士已不存在。

龙门石窟雕刻精美的莲花

在窟外的北侧壁，有一方形、券顶的小禅窟。南壁凿有一圆拱形小龛，内雕一佛、二弟子、二菩萨、二天王、二力士。形象特征与二莲花洞中的造像相似，估计该小龛以及四雁洞，与二莲花洞开凿年代相近。根据供养天人头顶不束高发髻来看，与敦煌唐玄宗开元、天宝年间壁画中的伎乐发饰相似，其年代也可能晚至玄宗时期。

9. 二莲花洞

二莲花洞在四雁洞南面，看经寺北部，是一组统一规划、布局而开凿的双窟，模式

龙门石窟大大小小、别有洞天的石窟

相同，所以称为二莲花洞。二莲花洞约凿于武周至唐玄宗时期。二洞的造像雕饰与布局都是一样的。窟内顶部的藻井都覆莲图案。洞内造一佛、二弟子、二菩萨、二天王、二力士。中间主佛为阿弥陀佛，手施降魔印。

二莲花南洞窟内平面近于马蹄形。环东、南、北三壁下部，凿出倒凹字形基坛，坛上造出一佛二弟子二菩萨二天王像。在东壁（正壁）正中，雕有主尊结跏趺坐佛，身着通肩大衣，右手扶膝，施降魔印。该佛面部表情呆板，缺乏生气。下部佛座为八解形束腰覆莲座。此外，夹侍菩萨身躯扭动，披巾绕腹前两道。二天王已残。窟顶为穹隆形，正中雕出一朵大莲花，四周环绕四身供养天人，均托一盘作供养状。在靠东壁基坛处，凿出一长方形台。基坛表面雕出壶门，内部各雕一身舞伎形像，其姿势或坐或跪，上身舞动；其余大部分已残。从以上窟内布局与造像组合情况看，与西山南部的八作司洞、龙华寺、极南洞多有相似之处。二莲花南洞的开凿年代，则很可能早于开元元年，或为武则天时代。

二莲花北洞位于二莲花南洞北侧，其

面容安详、端庄大气的石佛

龙门石窟风景名胜区内的寺庙

平面约呈方形，穹隆形顶。内容布局与南洞基本相同，大小形制也相近。窟内造像残损严重，仅南侧壁的天王保存较好，足下踏有二夜叉，与极南洞的天王相似。主尊佛已残，下座为方形束腰覆莲座，座的正面雕出一小天王踏一夜叉的形象。倒凹字形基坛表面可看出壶门，舞伎已浸蚀不清。北洞的年代，应早于先天二年无疑，约属武周时期。二莲花北洞的特点，是在窟内较高的倒凹字形基坛之上雕出一铺造像。三佛题材，在正壁雕出一身结跏趺坐佛、二弟子、二菩萨胁侍，窟内还有天王。左右两壁正中各雕一身立佛或坐佛，佛两侧有二菩萨胁侍。在左右两壁靠近窟门处，还雕有二力士、二蹲狮。在正壁主尊的两侧夹侍二弟子、二菩萨、二天王、二力士，没有龙门唐窟中的造型丰满，但亦有自身特色。

洞窟的规模介于大、中型洞窟之间。从雕像的手法看较为成熟，也颇具唐风，有一定的艺术价值。

（三）香山寺

1. 简介

香山因盛产香葛而得名。香山寺位于洛阳城南 13 千米处的香山西坳，其建筑古朴浑厚，掩映于苍松翠柏之中。它与世界文化遗产龙门石窟西山窟区一衣带水，隔河相望，与龙门石窟东山窟区和白园一脉相连，并肩邻立。

该寺始建于北魏熙平元年 (516 年)，唐天授元年 (690 年) 武则天在洛阳称帝，建立武周王朝。梁王武三思揣摩女皇信佛之心，奏请武则天予以重修，正式命名为"香山寺"。重修后，香山寺巍巍壮观，富丽堂皇，当时的香山寺"危楼切汉，飞阁凌霄，石像七龛，浮图八角"。在此后的一百多年中，香山寺法音绵延、香火炽盛，以致中唐时代享誉中外的文化名人白居易，生前醉心于此，去世后安葬于香山寺下。

龙门石窟香山寺一景

2. 历史沿革

香山寺始建于北魏熙平元年（516年），唐垂拱三年（687年）印度来华高僧地婆诃罗（日照）葬于此，为安置其遗身重建佛寺。天授元年武则天重修该寺，当时香山寺危楼切汉，飞阁凌云，武则天常亲驾游幸，御香山寺中石楼坐朝，留下了"香山赋诗夺锦袍"的佳话。

盛唐以后，经过"安史之乱"，香山寺因年久失修，渐趋衰败，至白居易任河南尹之时，香山寺已是萧条至极，寺前、寺中楼亭、殿堂、佛龛，因年久失修，风雨侵蚀，有的倒塌，有的毁坏，破旧不堪。慕香山寺之名前来观游的人们见此情景十分惋惜，前来烧香进贡的佛家弟子，目睹

龙门石窟风景区一景

龙门石窟

香山寺景观

佛像、僧人的境遇，内心深感耻辱。

唐大和六年（832年），河南尹白居易捐资六七十万贯重修香山寺，使衰败的旧寺的亭台楼阁换了新颜，并撰《修香山寺记》。这篇文章开篇第一句即是对香山寺的推崇，"洛都四郊，山水之胜，龙门首焉。龙门十寺，观游之胜，香山首焉"。修复后的香山寺再现了"关塞之气色、龙潭之景象、香山之泉石、石楼之风月"，使观游者又见到了香山寺往日的风采。后来白居易又于唐文宗开成五年（840年）再次出资修复藏经堂，并收集缀补5000多卷佛经，藏入其中，可以说白居易为香山寺的再兴竭尽全力，名山名寺与名人相得益彰，香山寺再次声名大振。

宋金时期香山寺犹存，元末废弃，清康熙年间重修，乾隆皇帝曾巡幸香山寺，称颂"龙门凡十寺，第一数香山"。清末民国初年，香山寺又渐荒芜了，1936年香山寺进行重新修建后，为蒋介石庆祝五十寿辰而在寺内建一幢两层小楼。蒋介石和宋美龄多次在此避暑，这幢小楼位于香山寺内东南侧，被称为"蒋宋别墅"。

而后，香山寺又进行了多次修葺。从2002年年底到2003年4月上旬，洛阳市委、市政府及龙门石窟管理局依据《龙门石窟区规划》和《洛阳市龙门石窟保护管理条例》，历时100天，完成了对香山寺的第五次改造，新香山寺借鉴唐代风格，对蒋宋楼、乾隆御碑亭、衣钵塔等作为历史文物予以修缮、保留、保护；在原址上新建了钟楼、鼓楼、大雄宝殿，整修了天王殿、罗汉殿、步游道等。

香山寺已历经1400多年的沧桑，一直以来法音绵延，香火炽盛。如今经过第五次修复后的香山寺整个建筑新旧一体，气势磅礴，与龙门西山石窟隔河相望，与龙门东山石窟、白园并立，香山寺已成为龙门石窟景区又一处亮丽壮美、光彩夺目的

龙门石窟香山寺香炉

龙门石窟

景观！

3. 相关传说

关于香山寺的来历，有一个美丽动人的传说。话说春秋时期，有个国君妙庄王，生有妙颜、妙音、妙善三个女儿。因为妙善为王后梦中孕育而生，所以被视为掌上明珠。妙善幼年就能吟诗作赋，不慕荣华，喜乐佛法，她厌恶王室的暴虐，同情宫女的遭遇，被宫女们尊称为"三皇姑"。

龙门石窟造型别致的佛像

后来庄王为讨好邻国的国王，就将三女儿许配其太子。三皇姑宁死不从，庄王一怒之下把三皇姑囚禁于后宫，王后心疼女儿，悄悄放她出去逃生。三皇姑先到翟集西的白雀寺里侍佛，不久被庄王知晓，派人三番五次逼她回宫，她执意不回，庄王气极之下将寺院放火焚烧。庆幸的是，三皇姑被尼姑们救出，藏到了火珠山（即香山）上。

庄王焚烧白雀寺后忧虑成疾，八仙中的铁拐李化作凡人，装扮成郎中，给庄王诊病后说："圣王的病必须用亲骨肉的一只手、一只眼做药引，方能治愈，否则即使神医也无可奈何。"庄王的大女儿和二女儿不肯舍己救父。就在庄王病入膏肓之时，三皇姑回来请求献眼手为父治病。

庄王病好后，高兴地问妙善需要什么。她说："我不要江山，也不要财富，只求父王在火珠山上修座寺院，女儿要终身侍佛。"庄王满足了女儿的要求，大兴土木建起了香山寺。后来，妙善在此修行，直至得道。

4. 香山寺一览

香山寺顺山势而建，从天王殿开始，是步步登高，只有钟鼓楼在平坦处。寺门两侧有联："归元无二路，方便有多门。"钟楼写着一牌："布施钟声，功德无量。三声：端正聪明；六声：健康长寿；九声：大福大贵。"鼓楼也是有一说明，希望人们击鼓保平安。钟鼓楼红墙绿瓦，雕梁画栋，

香山寺一景

龙门石窟

雕刻精美，气势非凡，风韵别致。楼的外檐和平座都装饰有青绿彩绘斗拱，使楼的整个建筑层次分明，浑雄博大，生气盎然，更显得宏伟壮丽。

过了钟鼓楼，便是天王殿。天王殿是三间崭新的庙宇，门前有一特大的香炉。门两侧有一副对联："到处能安皆乐土，此心无障是菩提。"天王殿与别的庙宇摆放的不一样。正中间供奉的是弥勒佛，袒胸露腹、喜笑颜开、憨态可掬。站在弥勒佛旁边的是韦驮，他是南方增长天王的八神将之一，居四天王三十二神将之首，他左手持降魔杵，右手擎须弥山，担任护持道场、不许邪魔侵扰的任务。两边站立的是二天王、二力士，都是青铜铸造，很是威武。二天王体态端庄，造型别致，双目欲睁似闭，神气超脱，古雅秀丽。力士形象、衣饰完全相同，皆头束高髻，蹙眉阔鼻，面露愠色，头后有圆形头光，但其上无火焰纹饰，标明其身份尚未超凡入圣；上身袒露，胸腹部露出鼓胀肌肉，胸前饰璎珞；下身长裙掩足，腰间束带并打结。整组造像布局严谨、主次分明，形象生动、风格古朴、造型复杂、工艺精巧、题材新颖、材质独特。

香山寺玄武殿一景

龙门石窟罗汉塑像

再往上走是罗汉殿，仍然是崭新的三间庙宇。门两侧仍有一副对联："名刹万千唯此间小中见大，高僧十八向彼岸迷里求真。"大殿内只见那十八尊罗汉个个身披黄色披肩，身着袈裟，全身无任何装饰，形骨奇特，胡貌梵相，曲尽其志，姿态不拘，随意自在，或坐或立，栩栩如生，神采奕奕。原来这十八尊罗汉都是用青铜铸造，使罗汉显得非常威武。据说，罗汉，全称阿罗汉，是释迦牟尼佛的得道弟子，是小乘佛教修行所获得的最高果位。这香山寺的十八罗汉是护法弘法的十八罗汉，把这十八罗汉单独供奉在一个殿堂里，可见对十八罗汉的重视。

再往上走是弥陀宝殿，共是两层楼。门的上方挂着一块门斗，上写"弥陀宝殿"，门两侧有一副对联："空色圆融何由来去之路，我人顿息本无生灭之门。"步入殿中，只见殿内供奉的是西方三圣，系佛教西方极乐世界的三位尊神，即主佛阿弥陀佛和观世音、大势至二菩萨。阿弥陀佛是西方极乐世界的教主，称作"无量寿佛""无量光佛"，他能把人们引到西方极乐世界。主尊阿弥陀佛结跏趺坐于中央，头饰螺发，顶显高肉髻，大耳垂肩，面形丰满圆润，眉如弯弓，双目俯视，神态沉静内省，头后饰尖圆形头光，头光上刻画细密的火焰纹，工艺精巧。主尊左侧为观音菩萨，左手当胸持莲花，右手下垂结施与印；右侧为大势至菩萨，左手下垂结施与印，右手当胸持莲花。二菩萨皆头戴宝冠，发髻高耸，面相安详，头后亦配有尖圆形火焰纹头光。身体修长，上身袒露，胸前佩饰璎珞，左肩斜披络腋，下身着长裙，腰间束带，并露出蝴蝶结。双肩搭有帔帛，帔帛蛇形垂落，飘逸自然。

位于香山寺东南的乾隆御碑是值得一睹的去处，在此不仅可以参观乾隆帝的书法，而且可以体味他的文采。御碑前面是一雕塑

香山寺乾隆御碑

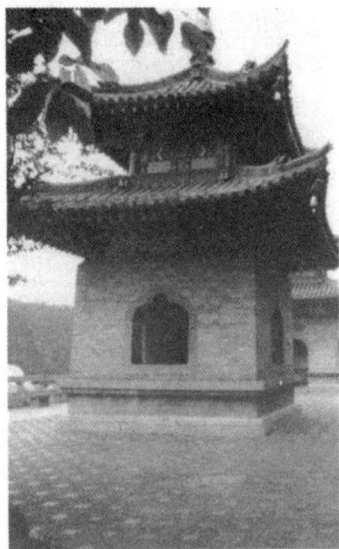
香山寺钟楼、鼓楼一景

着双龙的香炉，香炉背后是几层台阶，上了台阶就是乾隆的铜塑像，他坐在龙椅之上，戴皇冠、穿龙袍，显得精神抖擞。乾隆的塑像后面便是乾隆御碑。清乾隆十五年（1750年）九月，清高宗弘历到中岳封禅，至洛阳巡游龙门香山寺，兴致之余感怀赋诗《香山寺二首》称颂了香山寺及美丽的伊阙风貌，开篇第一句即为称颂香山寺"龙门凡十寺，第一数香山"，这首诗当时被人们镌刻在石碑之上，并建御碑亭。

5. 香山寺的文化内涵

（1）武则天"香山赋诗夺锦袍"

在一千三百多年前的唐朝，武则天在洛阳称帝，非常钟情于伊阙山水，也很喜欢位于其中的清幽雅致的香山寺，她经常在香山寺中石楼坐朝，并在石楼留下了千年为人们所传颂的典故"香山赋诗夺锦袍"。

在一次春游香山寺时，武则天别出心裁，主持了一次"龙门诗会"，历史上有名的"香山赋诗夺锦袍"即由此而来。宋代人计有功在《唐诗纪事》卷十一中，对此有妙趣横生的记述："武后游龙门，命群臣赋诗，先成者赐以锦袍，左史东方虬诗成，拜赐，坐未安，之问诗后成，文理兼美，左右莫不称善，乃夺锦袍赐之。"唐代诗风很盛，武则天对胜出者"赐以锦袍"，奖品不见得贵重，但却是难得的荣誉，群臣当然各不相让，奋力争夺。首先成诗的是左史东方虬："春雪满空来，触处如花开。不知园里树，若个是真梅。"武则天觉得东方虬文思敏捷，又才华出众，立即把锦袍赐给了他。而此时，多数大臣也相继成诗，经当众诵读，一致认为宋之问的七言诗更在东方虬之上，武则天遂决定把锦袍赐给宋之问，"香山赋诗夺锦袍"也成了诗坛上的一段佳话。而这段典故所发生的地点——石楼就位于香山寺内。

龙门石窟蜿蜒的石子路

（2）白居易与"香山九老会"

致仕后，白居易常放情于山水，赏玩泉石风月。因慕恋香山寺清幽，白居易常住寺内，自号"香山居士"，并把这里作为了自己最终的归宿。他经常乘一小船，从建春门出发，沿伊水逆流而上，驶龙门，入香山。诗人坐在后舱，或低吟，或长啸，吸引来两岸行人好奇的目光。

在他74岁时，和遗老胡杲、刘真、吉旼、卢贞、郑据、张浑六人先是结成了"尚齿七老人会"，后来，又有百岁之人李元爽、95

白园一景

岁的禅师如满加入，号称"香山九老"，终日吟咏于香山寺的堂上林下，写下了许多歌咏龙门山水及香山寺的诗篇。"空门寂静老夫闲，伴鸟随云往复还，家酿满瓶书满架，半移生计入香山"，《香山寺二绝》所描绘的，正是白居易晚年生活的写照。为保存诗稿，白居易又把自己从大和三年（829 年）到开成五年（840 年）所作的诗，共 800 首，合成 12 卷，取名《白氏洛中集》收藏在香山寺藏经堂内。会昌六年（846 年）白居易在洛阳履道里私第去世，家人遵嘱将其葬于香山寺附近如满法师塔之侧。

(四)白 园

白园，位于洛阳龙门风景名胜区东山琵琶峰上，是唐代诗人白居易的墓园，西与龙门石窟隔河相望，南与香山寺为邻，占地面积 3 万平方米，1961 年被国务院公布为国家重点文物保护单位。白居易，字乐天，晚年居住洛阳 18 年。虽尊为"少傅"，但一生清贫，喜酒善诗，在龙门修香山寺，开八节滩，对龙门山水十分眷恋，死后遵嘱葬于此。此园依山而建，峰翠水碧，秀丽古雅。园内建有青谷区、乐天堂、道时书屋、诗廊、听伊亭、白亭、墓体区、日

白园一景

本书法廊、翠樾亭等仿唐建筑。园内建筑古朴典雅，三季有花，四季常青，曲径通幽，环境优美，景点错落有致，诗歌与书法精湛，文化内涵丰富，是龙门风景名胜区内一座让人流连忘返的纪念性园林。

青谷区位于两山之间，有白池、听伊亭、石板桥、松竹、白莲。进门直行，漫步拾级而上，但见路转峰回，竹林清风，白莲飘香，林木森森；瀑布飞泻，山泉叮咚，池水清碧，幽雅至极，使人心旷神怡。山腰有亭，名曰"听伊"，此亭系白居易晚年与其好友元稹、刘禹锡等对弈、饮酒、品茗、论诗之处。

由听伊亭而上，在危岩翠柏中有一古朴典雅之阁庐，题额"乐天堂"，门口两副楹联，一幅为王遐举所书："为生民忧直言极谏，得山水乐饮酒赋诗。"一幅为周而复所书："西湖筑白堤，龙门开八节滩，倡乐府，诗讽喻，志在兼济天下；履道凿园池，香山卧石楼，援丝竹，赋青山，乐于独善其身。"乐天堂依山傍水，面对青谷，是诗人作诗会友之处，室内自然山石裸露，汉白玉塑像潇洒自然，素衣鸠杖，栩栩如生，有飘然欲仙之态。静坐山石之上，给人以深思明世之感。站在乐天堂前，可深切回味诗人原作"门前常流水，墙上多高树，竹径绕荷池，萦回百余步"的内涵。

出乐天堂朝右侧拾级而上，即琵琶峰

龙门石桥一景

龙门石窟

洛阳白园表达了人们对白居易的怀念

顶。在翠柏丛中，有砖砌矮墙围成圆形的墓丘，即唐代大诗人白居易长眠之地。在圆形墓顶之上芳草萋萋。墓前立有高大石碑三块，其中一块上刻"唐少傅白公墓"六个字。登高望墓，形似琵琶，白墓所在之丘为"琴箱"，其东南是长长的芳草墓道，四周围以齐整的冬青，翠绿色的草地中央，三根"琴弦"清晰可见，此即为琵琶的"曲颈"。诗人精通韵律，又作千古之诵的《琵琶行》。此山、此墓、此龙门之地，是他长眠的最佳之处了。

由墓道向左、下至峰腰平缓处，即是古雅的九曲回廊，廊壁尽嵌现代诗人墨客吟咏

龙门石窟雕刻

的诗作以及白居易《琵琶行》全文石刻。在墓右侧，有巨石卧碑。刻有《醉吟先生传》，碑重 24 吨，是目前国内最大的石书。诗廊立石 38 块由中外名家书写，行、草、篆、隶齐全，既可以欣赏白居易的名作，又可以领略书法艺术之美。

墓体区位于琵琶峰顶，从牡丹坛拾级而上即可到达。这里有白居易墓、卧石碑、乌头门及中外仰慕白居易的客人及族裔的立石。墓前型石铺地，墓后草坪如毯，周围翠柏环抱，给人以庄严肃穆之感。

五　相关资料

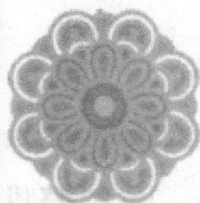

龙门石窟造像
龙门石窟寺庙景观

（一）美丽的传说

1. 龙门石窟的传说

相传远古时期，洛阳南面有一大片烟波浩渺的湖水，周围青山苍翠，芳草萋萋。人们在山上放牧，在湖里打鱼，过着平静的生活。村里有个勤劳的孩子，天天到山上牧羊，常常听到从地下传出"开不开"的奇怪声音，回到家，便把这件事告诉给母亲。母亲想了想，便告诉他，如果再听到的话就回答："开！"谁知一声未了，天崩地裂，龙门山倾刻从中间裂开，汹涌的湖水从裂口倾出，奔腾咆哮地绕过洛阳城，一泻千里流向东海。水流之后，无数清泉从山崖石罅中迸出，蓄为芳池，泻为飞瀑。

两山的崖壁上则出现了无数蜂窝似的窟窿，窟窿内影影绰绰全是石像，有的眉清目秀，有的轮廓不清，千姿百态，蔚为壮观。从此，龙门石窟便名扬天下了。

其实，龙门石窟的产生自有其历史缘由，但这则神话传说，却反映了古代劳动人民丰富的想象力，也赞美了龙门石窟巧夺天工、精妙绝伦的雕刻艺术。

2. 龙门的由来

隋炀帝杨广曾登上洛阳北面的邙山，远远望见了洛阳南面的伊阙（龙门），就对他的侍从们说："这不是真龙天子的门户吗？古人为什么不在这里建都？"一位大臣献媚地答道："古人非不知，只是在等陛下您呢。"隋炀帝听后龙颜大悦，就在洛阳建起了隋朝的东都城，把皇宫的正门正对伊阙，从此，伊阙便被人们习惯地称为"龙门"了。

（二）景区美食

龙门石窟最具特色的是洛阳水席，主菜以汤菜为主，吃一道换一道，如流水一样，因此得名。曾传入皇宫，是洛阳请客首选。

1. 阎家羊肉汤

阎家羊肉汤至今已有1500年的历史。调料配置适当，汤味鲜美，闻名豫西城乡。

关于龙门石窟，民间有很多美丽的传说

洛阳名吃——浆面条

阎家羊肉汤的特点是用鲜羊肉,当天用肉,当天宰羊;香料齐全、量大。用胡椒粉而不用辣椒,咸淡适口,汤味鲜美。

2. 浆面条

浆面条是洛阳最普遍的一道风味小吃,也是中华名小吃之一,最大的特点是易于消化。做法是将绿豆或黑豆的浆液加热,然后加入一些香油,滚沸后再将面条放入同煮,并不停搅拌,最后把调制好的盐、葱花、青豆、芹菜、韭菜、辣椒等作料加入。浆面条最重要的就是做浆,做浆过程其实就是发酵,放入发酵物,充入适量的水,放入少许油,然后放置24—48个小时,等发酵物溶解或者浆味很醇厚的时候就可以用了。吃浆面条有个颇为奇特的讲究，那就是越是隔天的面条越好吃。喜欢吃辣一点的有三种选择，一是大蒜瓣生啃，二是辣椒油搅拌，三是本地特产——韭花辣子酱，这尤以韭花辣子酱为最。

3. 铁锅蛋

"铁锅蛋"是豫菜菜系很有特色的一道菜，先将特制的铁锅盖放火上烧红，待蛋浆八成熟时，用火钩挂住烧红的铁锅盖盖在铁锅上，利用盖子的高温，将蛋浆烤凝结、暄起，使蛋浆糯皮发亮，呈红黄色。其味美，油润明亮，鲜嫩软香。

龙门石窟蜿蜒的小路

4. 清蒸鲂鱼

鲂鱼产于伊水，故有"伊鲂"之说。以其制作简单、香淡味纯而闻名，汉唐时期常以此鱼招待贵宾。相传，唐代大诗人白居易和"九老会"的诗人们，在饮酒赋诗时，常食此鱼。

5. 新安烫面饺

新安烫面饺，已有七十多年的历史。新安烫面饺用精白粉作皮，用猪前胛后臀肉作主馅，配适量大葱、韭黄、白菜心、生姜，佐以白糖、料酒、小磨香油、食盐、味精等，把面用开水和好，擀成薄皮，包成如新月型的面饺，上笼清蒸，十分钟即可。特点是皮薄如纸，色泽如玉，五味俱全，

洛阳名吃—牡丹燕菜

龙门石窟

鲜香不腻。

6. 牡丹燕菜

是洛阳水席中的重头戏，也是洛阳最负盛名的一道菜肴。相传，唐代武则天执政时，洛阳一块菜地里，长出一个几十斤的大萝卜，当地官员就把它作为贡品献入皇宫。武则天一见，龙心大悦，认为这是上天对她政绩的褒奖，于是命御厨用它做一道菜。萝卜本不是什么稀罕物件，以它为主的菜肴更不是什么特殊美味，御厨经过百般思考，决定将其和宫中的山珍同煮。武则天吃后，觉得这菜味道极鲜，几乎可以和燕窝相媲美，遂赐名"燕菜"。从此，一道以萝卜丝加山珍海味

龙门石窟一景

做成的菜肴就上了宫中的御菜单，成为招待贵宾的佳品。

7. 尚记牛肉汤

洛阳的风味小吃中汤类极多，已有四十多年历史的尚记牛肉汤就是其中的代表之一，它的特点是肉肥汤鲜、汤料齐全。

尚记牛肉汤有甜、咸两种，吃的时候一般还要在汤中加入油炸过的辣椒末和大蒜末，使汤味更加香醇适口，是洛阳人通常的一种吃法。还有一种就是在汤中加入弄碎的馍，边喝边吃，别有风味。

8. 不翻汤

洛阳不翻汤，已有一百二十多年的历史。创始人刘振生，现已传三代人。配料有绿豆粉、胡椒、味精、酱油、醋、木耳、粉丝、海带、虾皮、紫菜、韭菜、锦珍、食盐等。用小勺舀一些稀绿豆面糊往平底锅里一倒，即成一张类似春卷的薄片，不用翻个就熟，所以就叫"不翻"。把两张晶莹翠绿的"不翻"叠着放在碗里，舀些滚烫的猪骨头汤浇在上面，再放上些粉条、黄花、木耳等，还要舍得放些醋、胡椒粉，于是一碗不翻汤就做好了。这个汤吃到嘴里时，"不翻"软绵不化，嚼之有豆香；汤酸辣清淡，余味悠长，是洛阳本地人吃夜宵的首选。其特点是味道醇正、酸辣利口、油而不腻。

怒放的洛阳牡丹

(三)景区购物

洛阳的特产有很多，从工艺品到土特产，琳琅满目。著名的洛阳唐三彩，在洛阳已有百年的历史。洛绣是洛阳传统的工艺品，已有两千多年的历史。还有洛阳印象旅游纪念品系列、仿古青铜器、洛阳奇石、澄泥砚、梅花玉、洛阳樱桃、黄河鲤鱼、杜康酒等等。

洛阳以龙门石窟为主题的旅游纪念品名目繁多，如以龙门石窟风景区奉先寺诸佛为主题的洛阳印象冰箱贴、工艺笔、CD盒、便携式烟灰缸、便签本，以及以龙门石窟卡通形象为原型的钥匙链、扑克牌等小型旅游纪念品。

怒放的洛阳牡丹

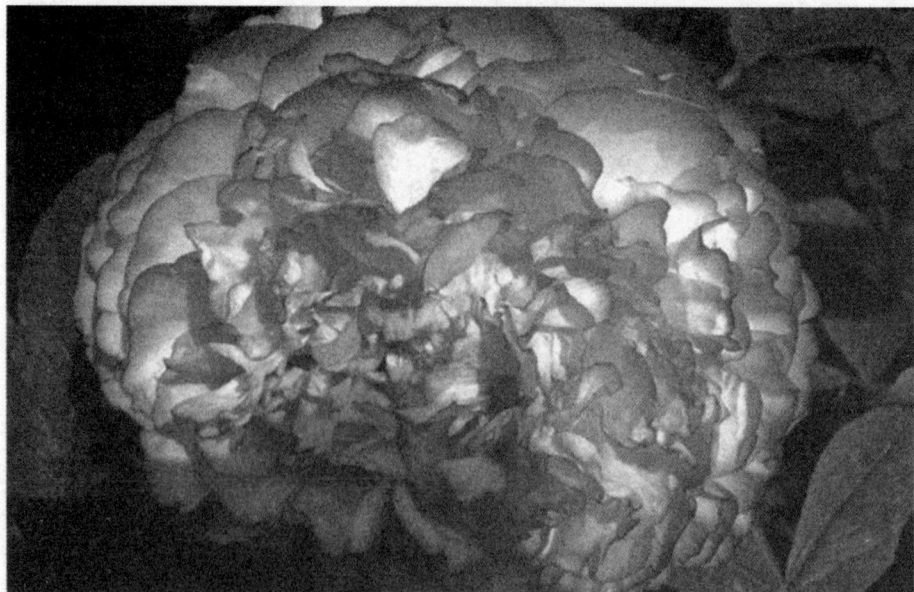

龙门石窟

1. 澄泥砚

黄河澄泥砚与我国端砚、歙砚、洮砚齐名，并称为"四大名砚"。澄泥砚是以沉淀千年的黄河渍泥为原料，经特殊的烧炼工艺制作而成。质坚而腻，经久耐磨，观若碧玉，抚如童肌，贮水不涸，历寒不冰，含津益墨，呵气可研。

澄泥砚由于原料来源不同、烧制时间不同，具有鳝鱼黄、蟹壳青、绿豆砂、玫瑰紫等不同颜色。砚体形有圆、椭圆、半圆、正方、长方、随意形的。雕式有号、耳瓶、二龟坐浪、海兽哮月、八怪斗水、仿古石渠阁瓦等立体砚。平面雕刻有山水人物、草树花

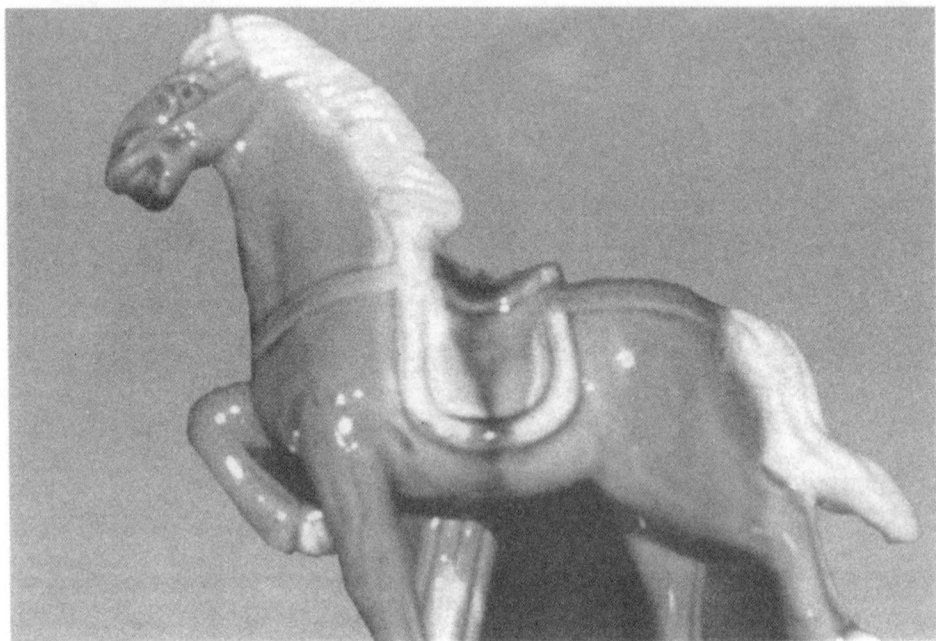
洛阳唐三彩

卉、走兽飞禽，又有犀牛望月、台山白塔、嫦娥奔月等。这些雕砚刀笔凝练，技艺精湛，状物摹态，形象毕肖，灵通活脱，逗人情思。

澄泥砚源于豫西黄河岸边，唐宋皆为贡品，备受历代文人雅士青睐，置于桌畔案头，既是文房中实用的四宝之一，又是供观赏的艺术珍品。

2. 洛绣

洛绣是中国刺绣艺术中的一枝奇葩，绣工精细，针法活泼，图案秀丽，色彩雅洁，善于绣猫。唐宋时期，洛阳刺绣施针均匀，设色丰富，盛行用刺绣作书画、饰件、佛像等。明清时期，民间刺绣进一步

发展，独具地方特色的洛阳刺绣愈加成熟。民国以来，洛绣艺术在民间广泛流传。洛绣的针法和技法多达几十种。绣品的用途包括歌舞或戏剧服饰，台布、枕套等日常生活用品，以及屏风、壁挂等陈设品。民间刺绣有"图必有意，意必吉祥"的说法，并常用谐音和象征性手法，常见的有长青图：象征长寿，为喜庆祝寿类；八仙图案：象征长寿，为喜庆祝寿类；麒麟送子：添丁之意，求生存繁衍；团花图案：象征团结、和气之意。

3. 洛阳仿古青铜器

洛阳青铜器制造业历史悠久，始于夏代，盛于西周，战国、秦汉之际青铜器制作工艺已很发达，故有"铜出徐州，师在洛阳"之说。建国以来，洛阳工艺美术研究所和工艺美术厂，复制了数千件仿古青铜器，造型典雅，工艺精巧，主要有马踏飞燕、犀牛、醉邪、方彝、车马俑、人物俑、奔马、各种酒器、刀、剑等。洛阳青铜器创造了失蜡浑铸和自动控制脱蜡新工艺，使青铜器的仿制一次成型，达到了以假乱真的程度，深受国内外旅游者的喜爱。洛阳仿古青铜器的制作成功，不仅再现了历史的风貌，而且还可以作为室内装饰品，带给人们艺术的享受。

4. 洛阳唐三彩

唐三彩是中国唐代的艺术精华，是中

唐三彩是中国唐代的艺术精华之一

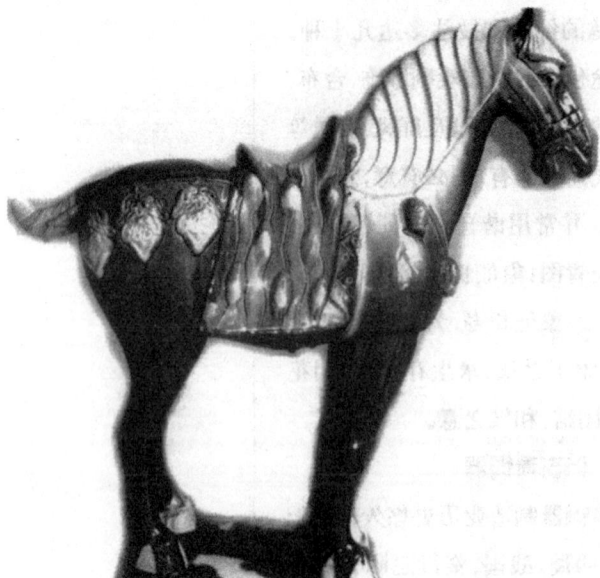

龙门石窟

国古代陶瓷艺术宝库中一朵绚丽夺目的奇葩，距今已有一千多年的历史。唐三彩是指唐代俑器和陶器上的釉色而言，唐时多以红、绿、黄为主，故称"唐三彩"。三彩是通称，并不限于三种颜色。除红、绿、黄外，还有白、黑、蓝、紫等颜色。唐代这种艺术珍品，大部分在洛阳发掘出来，故有"洛阳唐三彩"之称。

洛阳唐三彩品种繁多，内容丰富，囊括了当时社会生活的各个方面。唐三彩主要用作陪葬明器，有俑像类和生活器皿类。俑像类主要有人物俑和动物俑。人物俑题材广泛，主要有妇女、文吏俑、武士俑等。唐三彩女俑取材于唐代社会活生生的女性人物，有立俑、坐俑、乐舞俑、乐唱俑、骑马俑、对镜

洛阳唐三彩

梳妆俑等，着重表现唐代妇女姿态自由、面容丰腴、肌肤细腻、双手纤巧、两足丰柔的形象。

唐三彩的做法是将做好的坯体，装在窑内烧至1100度左右，取出施彩，然后再放进烧窑内烧至900度左右即可。唐三彩釉质的主要成分是硅酸铝。呈色剂是各种不同的金属氧化物。

唐三彩的复制和仿制工艺，在洛阳已有百年的历史。经过历代艺人们的研制，使"洛阳唐三彩"的工艺技巧和艺术水平达到了一定的高度。目前，洛阳唐三彩的生产厂数十家，外宾及国内游客来洛阳观光时，无不带回三彩制品作为纪念，国家领导人出国访问时，多以"唐三彩"作为馈赠礼品，洛阳人也多用"唐三彩"作为重要礼品赠送亲朋。

5. 竹帘

最早出现在明代，品种包括门帘、窗帘、楼房走廊地垫帘等。编织者根据竹节情况，巧作安排，制成各种优美图案。花样有燕形、曲线形、直线形、满天星形等。其中尤以燕帘最为有名，它利用竹子碧绿与竹节淡黄的自然色彩，构成一幅幅清幽淡雅的竹燕图，引人入胜。洛阳竹帘引起了国内外商人的极大兴趣，尤其在日本成为畅销商品。